居場所としての住まい

ナワバリ学が解き明かす家族と住まいの深層

小林秀樹
Kobayashi Hideki

新曜社

はじめに

子ども部屋は引き籠もりを招くのだろうか。夫婦が別室で寝るのは多いのだろうか。ルームシェアや三世代同居を円満に暮らすにはどうしたらよいのだろうか。さらに、日本の家族と住まいは、今後どうなっていくのだろうか。本書は、このような問いにナワバリ学を通して答えるものである。

今日、私たちは住まいを語るときに、「居間」「おばあちゃんの部屋」「秀樹ちゃんの部屋」のように、その部屋を誰が使っているかに着目する。さらに、３ＬＤＫ、４ＬＤＫという表現が一般化しており、その記号から、おおよその間取りを想像している。

しかし、実は、このように住まいを語るようになったのは、ごく最近のことだ。ひと昔前は、子ども部屋のような個室はなかったし、もちろんリビングルームやダイニングキッチンもなかった。その代わりに、来客をもてなす座敷や、仏壇があるホトケの間があり、しかも、部屋と部屋の仕切りは薄い襖《ふすま》であった。それが、戦後の高度成長期を通じて大きく変化し、今日のような住まいが一般化したのである。

では、これらの変化は、私たちの生活や意識に何をもたらしたのだろうか。たとえば、マスコミでは、住まいの個室化が、親子関係の希薄化や子どもの閉じこもりを招いたのではないかという指摘もみられる。しかし、実際はどうなのだろうか。

このような疑問に答えるためには、間取りだけではなく、家族の深層心理に近づく必要がある。というのは、昔の家父長を中心とした封建的な家族のあり方と、今日の民主化したといわれる家族のあり方の違いが、間取りの変化と密接に関わっているからだ。さらに、ルームシェアの暮らしでは、それまでの家庭生活の経験がルームメイトとの関係を左右しているかもしれない。

「ナワバリ学」とは、人々が空間をどのように領有しているかを解き明かす学問だ。住まいにおいては、家族の一人ひとりが、どのように自分の居場所を確保しているかを解き明かす。これを通して、家族の深層心理がみえてくる。さらに地域に眼を転じれば、一軒一軒が専有する場と、地域のみんなが共有する場の関係に着目する。これにより、地域社会のあり方に切り込むことができる。

本書は、このような「ナワバリ学」を駆使して、家族と住まいの深層に迫ろうとする。私たちが常識と思っている現代の家族と住まいの意外な真実を明らかにし、これからの暮らし方や間取りづくりについて、たくさんのヒントを示してくれるだろう。

以下では、夫婦関係、親子関係、三世代同居、そして若者のルームシェアに焦点をあて、うまく暮らしていくための知恵と住まいのあり方を明らかにする。そして、より詳しい知識を得たい方のために、家族温情主義と呼ぶ日本の家族の特徴を明らかにし、それを踏まえて、これからの理想の住まいについて考える。さらに、日本の住まいの近代史を新しい視点で描き直してみたい。

最後に、この場をお借りして様々な調査を進めた丁志映さんはじめ研究室メンバーに感謝を表したい。また、出版にあたっては、新曜社の塩浦暲氏に大変お世話になった。本書を広く読んでいただくことで、ご協力頂いた多くの方々に報いることができればと思う次第である。

目次

装釘＝臼井新太郎
装画＝小川メイ

第1章　家族と住まいのナワバリ学

1　住まいのナワバリ学への誘い

部屋の鍵とナワバリ

もし、あなたにお子さんがいて個室に鍵を付けて欲しいと言われたら、どう答えるだろうか。「子どもにだってプライバシーの権利がある」と主張されると、答えに窮してタジタジになるかもしれない。そこで、こう答えるのはどうだろうか。「分かった。では、部屋の外側からも鍵を掛けられるようにしよう。子どもが悪さをしたときに、鍵を掛けて閉じこめるために」。

実は、子ども部屋に鍵が付いていることが多いアメリカの家でも、子どもが内側から鍵を掛けることは少ないという。成長した女子が着替えをしたりするときに使うくらいだ。というより、そもそも内側に鍵がある部屋は2割程度だ[1]。鍵が威力を発揮するのは、むしろ親が子どもを反省させるときで、「部屋に鍵を掛けて閉じこめるぞ」と言って叱るのだという。アメリカ映画を注意してみると、親に叱られて、子ども部屋に閉じこめられて憤慨するシーンや、こっそりと、窓から逃げ出すシーンがよく登場することに気がつくはずだ。

ある部屋が、誰のナワバリになっているかを知る方法の一つは、出入りを誰が管理しているかをみることだ。親が子どもを閉じこめるのは、その部屋の出入りを親が管理していることを示している。つまり、そこは親のナワバリでもあるということだ。

どの国でも、住まい全体は親のナワバリになっていることが多い。子どもは、親から部屋を一時的に貸し与えられているにすぎない。子ども部屋に鍵が付いていることだけをみて、子どもを大人と同じように扱っていると思い込むと誤解してしまう。その部屋の真の管理者が誰かをみることが大切だ。

暮らしに生かすナワバリ学

私たちは、住まいを語るときに、その部屋の使い方をイメージする。つまり、子ども部屋であれば、子どもが勉強したり寝たりする部屋だ。また、居間であれば、家族が皆でくつろぐ部屋だ。

しかし、前述した鍵の話のように、部屋の使い方だけでは本当のことが分からない。たとえば、日本では、子ども部屋であっても、その家具配置を母親が決め、母親が自由に出入りしていることがよくみられる。このことは、鍵の話以上に、そこは母親が管理するナワバリになっていることを示している。

ナワバリとは、そこを自分の場所だと思いコントロール（支配）する空間のことだ。[2] このような空間は、食事テーブルの席や個室という身近な範囲でもみられるし、お花見の席取りから国の領土争いといった広い範囲でもみられる。

そして、住まいのナワバリ学とは、家族の一人ひとりが、住まいの中で、どのように自分の居場所をもっているか、あるいは、どんなナワバリ争いが起きているかを通して住まいを考えるものだ。このことによって、使い方だけでは見えない、家族と住まいの深層心理を知ることができる。

もし読者の皆さんがこのようなナワバリ学を身につければ、子ども部屋をうまく使いこなす方法やルームシェアの知恵、嫁と姑のナワバリ争いを避ける方法、さらには夫婦が一緒に寝るかどうかの判断など、家族との暮らしに生かせる様々なヒントを得ることができるだろう。

動物に学ぶ——順位制とナワバリ制

最初に、ナワバリ学の基礎知識を紹介しよう。

ナワバリ学では、人々の集団には、「順位制」と「ナワバリ制」があるとしている。このことを理解するために、動物の話をしよう。

動物の社会には大きく二つのタイプがある。一つは、群れ生活を営むタイプだ。群れ生活では、エサを食べる順番、メスと交尾する順番などの「順位」が定まっており、これを尊重することで無用な争いを避けている。もちろん、順位が定まるまでには、ニホン猿のボス争いにみるように互いの闘争がある。しかし、一度、順位が決まれば、それは安定したもので、群れ生活を円滑に営む仕組みとして働く。これを「順位制」の社会という。

一方、「ナワバリ制」の社会とは、各動物は、エサなどを得るための個別のナワバリをもち、それを互いに侵害しないように尊重することで無用な争いを避けている。皆が一国一城のあるじだから、いわば平等社会だ。

昔の住まいは順位制

ナワバリ制と順位制という見方は、人間の家族と住まいを理解するために大いに役立つ。一言でいえば、個室がない昔の住居は「順位制」、現代の個室がある住居は「ナワバリ制」に対応している。

昔の住居をみてみよう。そこで暮らす家族は、順位制の典型だ。家長を頂点として家族一人ひとりの順位が明確であり、風呂に入る順番、食事をとる順番などが決まっていた。たとえば、私が育った田舎の実家では、父親が箸をつけるまで家族は食事を待つことが普通であったし、風呂も父親が一番というのが決まりだった。長男の私は、中学生くらいから二番風呂になっており、母親は最後に入った。さらに、テレビを購入したときは、食事しながら見やすい場所は自然に父親が占めた。昭和三十年代のことである。

このような家族は封建的だと嫌われるが、実は、集団が一つの空間で暮らすためには必要なことであった。昔の住まいは、個室がなく声が筒抜けであった。そのような空間でも、家族内の順位を明確にすることで安定した暮らしが実現できたのである。

テレビの時代劇において、犯罪人の牢屋の場面が登場すると、そこでは、牢名主を頂点とする上下関係が描かれる。これも、狭い牢屋の空間で、気性の荒い人々が摩擦を避けて暮らしていくには、順位制が不可欠であることを示している。

現代の住まいはナワバリ制

一方、家族それぞれの個室が確立した現代住居は、ナワバリ制に対応している。そこで暮らす現代の家族は、平等的、民主的な性格をもつといってよい。たとえば、風呂に入る順番も自由だし、まして、父親が帰宅するまで家族は食事を待て、なんて言ったら時代錯誤だと笑われるだろう。

このような平等的な家族において、互いの摩擦を避けて安定して暮らしていくためには、個室という自分のナワバリをもつことが必要だ。これにより、互いのナワバリ争いに伴うストレスを最小限に抑えることができる。

もっとも、現代住居には、各人の個室がある一方で、家族が集まる居間や食事室がある。そこには集団生活があり、これを安定させるためには、やはり順位制が必要だ。したがって、互いの接触を避ける完全なナワバリ制ではなく、半ナワバリ制、半平等の集団ということができる。もちろん、昔の家長を中心とした順位制に比べると、上下の規律はずいぶんと薄らぐことになる。

ところで、食事のテーブルで家族が座る場所は決まっていることが普通だ。テレビを最も見やすい位置は、その家族の第一順位が占めることが多いが、さて、皆さんのお宅では誰だろうか。もし、子どもが一番だとすると、いつの日か、子どもが増長して親の言うことを聞かなくなるかもしれない……?。

ナワバリ制と順位制の行動様式

それぞれの住まい方には、それに相応しい行動のしかた（行動様式）がある。

順位制の集団では、いちいち言葉を交わさなくても相手の様子を感じ取り、上下関係に基づくルールに従って、自然に行動することを大切にする。現代風の言葉でいえば、「空気を読む」ことだ。たとえば、目下の者は、目上の者が座る場所に配慮したり、あるいは、目上の者の前を横切ったりしないというような遠慮の行動を身につける。その昔、「父の背中を見て育つ」という言葉が流行った。父から言葉で教えを受けるのでなく、その態度を見て暗黙のうちに学ぶという意味だが、「背中」という表現に注目して欲しい。目下の者は、目上の者の後ろからついていくという遠慮の行動様式をよく示している。

そして、それらの行動様式の中には、宴会での上座と下座のように広く社会に「作法」として定着したものもあれば、テレビのチャンネル争いを避けるルールのように家庭内だけで通用する私的なものもある。いずれにしても、これら順位に基づく行動様式を駆使して、集団生活のトラブルを最小限に抑えるのである。

一方、個室のあるナワバリ制に求められる行動様式とは、自分の意思をしっかりと表明するとともに、相手と意見交換して合意することを重視するものだ。というのは、ナワバリ制は、互いの接触を避ける仕組みであり、意図的に言葉を交わさなければ相手と意思疎通することができないからだ。このため、順位制に求められる空気を読むという態度だけでは、家庭生活を円滑に営むことができない。

子ども部屋への閉じこもりが問題になるが、これは個室という空間が原因ではなく、それを住みこなす行動様式とのズレが引き起こす問題ではないだろうか。このような見方を通して家族と住まいのあり方を探ることが、ナワバリ学の得意分野だ。

2　ナワバリを守る仕組み——表示物と作法

ナワバリを知らせる信号

動物は、自分のナワバリを防衛するために、いちいち侵入者を撃退していたのでは疲れてしまい、落ち着いてエサを食べることもできない。そこで、侵入者にナワバリの存在を示し、自発的に侵入を思いとどまらせるために様々な「信号」を用いている。

犬のオシッコは、臭いによる信号の代表だ。その臭いのある場所には侵入するな、侵入すれば攻撃するぞというメッセージだ。また、カナリアがさえずるのは、鳴き声によって「勝手に入るな」と信号を送っているのだという。このように、他者にナワバリの存在を示す信号は、マーカー（あるいはマーキング）と呼ばれる。人間の場合には、これを領域表示物と呼ぶことにしたい。

たとえば、住まいの門や塀はその典型だ。また、表札を掛けたり、植木鉢で飾ったりすることも、その場所が自分のものだということを宣言する働きをもつ。さらに、子どもが個室のドアにポスターを貼ることも、ここは自分のナワバリだと宣言する表示物の例だ。

このような表示物の典型的な働きは、他者に「侵入するな」と信号を送ることだ。しかし、人間の場合は、ときには会話のきっかけを与え、他人をナワバリに招き入れる働きをもつことがある。たとえば、家の前の植木鉢は、「綺麗な花ですね」というように会話のきっかけを与える。また、入口のドアを開いておくと、「どうぞお入り下さい」というメッセージになる。つまり、人々は、領域表示物をうまく利用して、ナワバリを防衛または開放するのである。

争いを避ける作法

無用な争いを避けるもう一つの仕組みとして、動物学で「儀式」と呼ぶものがある。儀式とは、ある種の動作が本来の意味を失い、型にはまった行為になったものをいう。その中に、仲間どうしの攻撃衝動を発散する働きをもつものがある。たとえば、戦いに負けた犬が屈服の姿勢をとると、勝った犬は、獲物をくわえて振り回す動作を空で演じる。この儀式により、勝者の攻撃衝動を発散し、敗者に決定的なダメージを与えないようにするのだという。

人間の場合も同様だ。たとえば、私たちは他人の家を訪問するときに、頭を下げてお辞儀をする。後頭部は人間の弱点だから、それを無防備にさらすことは、ある種の屈服の表現といえる。その行為により、家の主人はナワバリ防衛の攻撃衝動を抑え、温かく受け入れることができる。人間の場合は、儀式ではなく「作法」と呼ぶとよさそうだ。また、ドアをノックするのも、他人のナワバリに侵入する際の作法だ。

一方、順位行動に関する儀式もある。たとえば、ニホン猿にはマウンティングと呼ばれる行動がある。これは、順位の低いサルが高いサルに対して尻を向け、上位者がその後ろから乗りかかる行動のことだ。このような儀式によって互いの順位を確かめ、無用な争いを回避しているのである。

人間社会においても、たとえば、前述した上座と下座は、これにより互いの順位を確認し、無用な争いを避けるための作法ということができる。

以上のように、住まいのナワバリ学では、人々の作法に着目する。私たちの何気ない行為が、互いの争いを避けたり、ムカッとする攻撃衝動を鎮めたりするために重要な意味をもつのである。

防犯性を高める集団のナワバリ

ナワバリには、個人のナワバリだけではなく、集団のナワバリがある。たとえば、家は、家族のナワバリだ。また、村は、村落共同体のナワバリであり、会社や学校、国や都市も、集団のナワバリの例だ。

その中で、住まいのナワバリ学が注目するのは、地域のナワバリだ。というのは、地域のナワバリが弱体化していることが、犯罪を増やす原因の一つになっているからだ。

ナワバリの役割の一つは、不審者の侵入を適切に排除することだ。このため、人々が、地域を自分たちのナワバリだと意識していれば、不審者に声をかけ、必要に応じて警察に通報しようとする。その結果、地域の防犯性は高まる。

しかし、隣人の顔さえ知らない現代都市では、誰が不審者で、誰が隣人かさえ区別できない。怪しいので声をかけたら隣のご主人だったという笑い話のような本当の話もある。そのような状態では、不審者に声をかけようにも、その勇気はおきない。その結果、犯罪者が容易に入り込むことになる。

このような状況を見直し、地域のナワバリを生み出すための条件の一つは、地域に住む人々の顔が分かることだ。別に親しくなる必要はない。誰が隣人で誰が部外者かを区別できればよい。会社では、制服によって集団の一員かどうかを区別することがあるが、地域では、やはり顔見知りになることが必要だろう。

そして、もう一つの条件は、地域の道や広場を自然に見守る眼があることだ。常時そこに住民がいなくても、家の窓から外が見えるだけでよい。これにより、住民は、外の通路や広場を自然に自分が関与すべき場だと感じるようになる。つまり、顔見知りの広がりと外が自然に見えることが、人々が地域を自分たちのナワバリと認識し、防犯性を高めるための鍵になっている。[3]

さて、以下の章では、様々な家族と若者のルームシェアを取り上げて、そこでのナワバリのあり方を明らかにする。これを通して、私たち一人ひとりにとって、望ましい暮らし方のヒントを考えてみたい。

注

[1] 北浦かほる他「子供の個室保有が自立の発達と家族生活に及ぼす影響2」『住宅総合研究財団研究年報』15、1988。米国で内側に鍵がある子ども部屋は、高校一年で24%、小学生を含む全体で13%。

[2] ナワバリの定義は、小林秀樹『集住のなわばり学』彰国社、1992より。同書では、動物生態学の成果、海外の研究成果、住居集合や地域におけるナワバリ行動の調査、望ましい集住デザインを詳しく紹介している。参

照いただければ幸いである。

［2］ 小林秀樹「住宅地の犯罪防止——住まいを戸外に開くことで守る」都市住宅学48号、2005。また、注2の文献に詳しく紹介されている。

第2章　夫婦と親子の深層心理

1　夫婦のナワバリを調べる――夫婦平等の夢のゆくえ

居間と個室をもつ住まい

今日、家族みんなが集まる居間や食事室と、それぞれの個室によって構成される住まいが一般的になっている。読者の皆さんの住まいも、このような間取りが多いのではないだろうか。そこでは、個室は各人のナワバリであり、居間は家族みんなのナワバリだ。さらに、この住まいは、一人ひとりのプライバシーを大切にする点で、いわば各人を自立した個人とみなす平等的な家族意識に対応している。

以上が観念的な説明だ。しかし、本当にそのような単純なナワバリで、私たちの家族と住まいを理解できるのだろうか。たとえば、夫婦は二人で一人なのだろうか、小さな子どもはナワバリをもつのだろうか。様々な疑問が生じる。そこで、実態を調べてみよう。

ナワバリを知るための方法――パーソナライゼーション

ナワバリの実態を知るには、どうしたらよいのだろうか。この疑問に答えるのが、パーソナライゼーションという行為だ。

パーソナライゼーションは、個人化と訳され自分用にあつらえるというような意味だ。ナワバリ学では、それぞれのナワバリを、自分らしく飾りしつらえる行為を指す。たとえば、部屋にポスターを貼る、お気に入りのカーテンや家具をしつらえるなどの行為だ。また、住宅まわりでは、植木鉢を置いたり、個性的な表札をつくったりする行為がみられる。ちなみに、動物では、ナワバリを示すために、犬のオシッコのような「臭いづけ」が行われる。パーソナライゼーションは、人間による空間の臭いづけだと考えれば分かりやすいだろう。

さて、ナワバリの存在は眼に見えないが、パーソナライゼーションは眼に見える。さらに、具体的な生活行為なので調査もしやすい。このため、ナワバリを調べる方法として都合がよいわけだ。簡単なアンケートとしては、各部屋の「家具やカーテンなどのしつらえを決めている人は誰ですか」と聞く方法がある。これにより、各部屋の支配者、つまり、そこをナワバリとしているのが誰かが分かる。

興味深いことに、この質問をすると、子ども部屋でありながら、部屋のしつらえを母親が決めている例が多数みられる。これは、その部屋が、実は子どものナワバリではなく、母親のナワバリであることを示している。このような見方によって、使われ方では分からない、家族と住まいの深層心理がみえてくる。

夫婦のナワバリ占い

この方法を用いて夫婦（父母）のナワバリを明らかにしてみよう。図2-1をご覧いただきたい。この図のステップ1からステップ2へ進むと、夫婦のナワバリの特徴を表す六つのタイプにたどり着く。[1] いわばナワバリ占いと思って、皆さんも試してみてはいかがだろうか。学生であればご両親を想定して、既婚者であれば自分自身を想定して、各部屋のしつらえの決定者が誰かをみてみよう。もし、祖父母と同居されている方ならば、少し複雑になるが、同図下の表を使うと、どのパターンになるかを判定できる。

この六つのタイプが、夫婦の力関係と合致する確率は約8割である。[2] 高い確率で当たると思われるが、さて読者の皆さんはどうだろうか。

6タイプの特徴をみてみよう。[3]

①父主導型　家の大部分のしつらえを父親または祖父が決めるタイプ。昔ながらの家父長制を尊重した住まい方。現在でも農家等の自営業にみられ、和室二つが襖《ふすま》でつながる続き間座敷をもつ間取りが多い。

②準父主導型　居間や寝室などの多くを母親が決めているが、父親の支配が「家長の場としての座敷」に表れるタイプ。農家に多い等、父主導型と同じ傾向をもつ。

③役割分担型　母親中心だが、座敷や客間に父親が従の意見者として登場するタイプ。保守的家族意識を残しながらも、父親のサラリーマン化によって家を母親に任せるように変化したもの。

④母主導型　家の大部分を母親が支配するタイプ。現代の典型的住まい方で父親の影が薄い。核家族サラリーマンが多く、実家から離れて新しく家を建てた世帯が多い。

【ＳＴＥＰ１】

質問１と質問２から、ＡＢＣＤを判定してください。

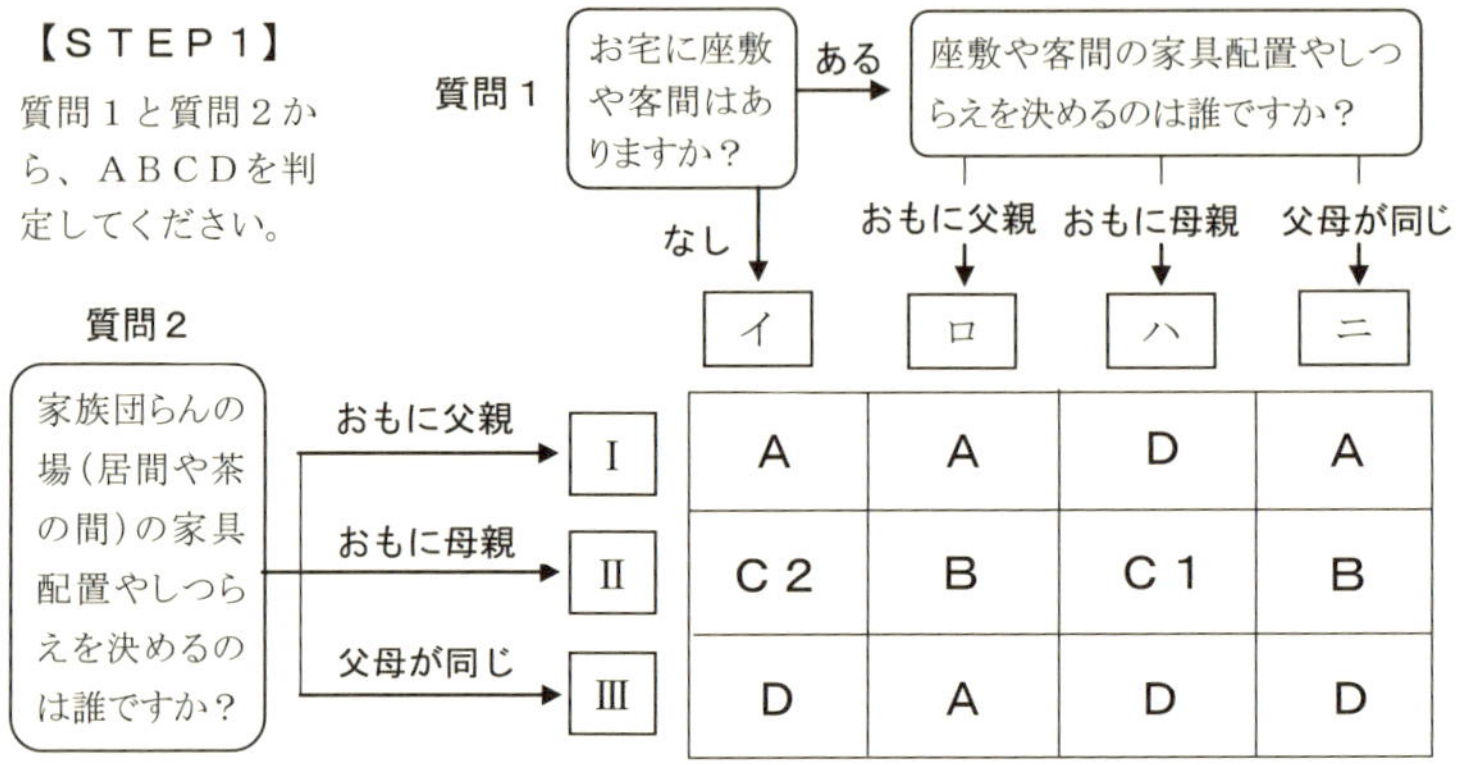

	イ	ロ	ハ	ニ
Ⅰ	A	A	D	A
Ⅱ	C2	B	C1	B
Ⅲ	D	A	D	D

【ＳＴＥＰ２】

上記のＡＢＣＤを右に当てはめると、６つのナワバリの型を判定できます。

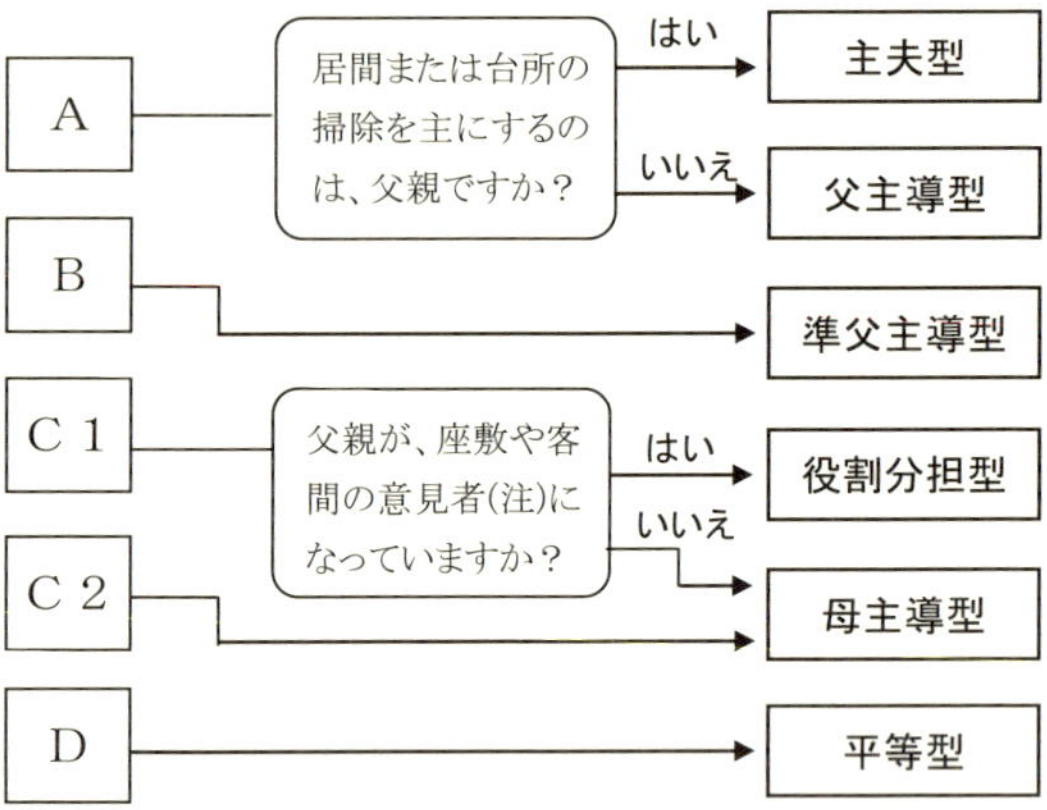

(注)意見者
家具配置等によく意見を言う者のこと

【同居の場合】

祖父母と同居している場合は、右表で、ＡＢＣＤを判定できます。

座敷が祖父母の寝室になっている場合は、客間なしと判定する。

居間の決定者は？ ＼ 座敷や客間の家具配置などの主な決定者は？	客間なし	父母	父	祖父	祖母	母
父母	3 D	0	1	0	0	2 D
父	4	1	14	2	2	2
祖父	1*	0	0 A	5*	0*	0*
祖母	0*	0	1	1*	1*	1 C1
母	12 C2	0	11 B	1*	5*	31

＊印は、娘夫婦同居では母主導型と判定。数値は 1993 年の栃木県調査。

図２−１　夫婦（父母）のナワバリ占い ── ６タイプを判定する方法

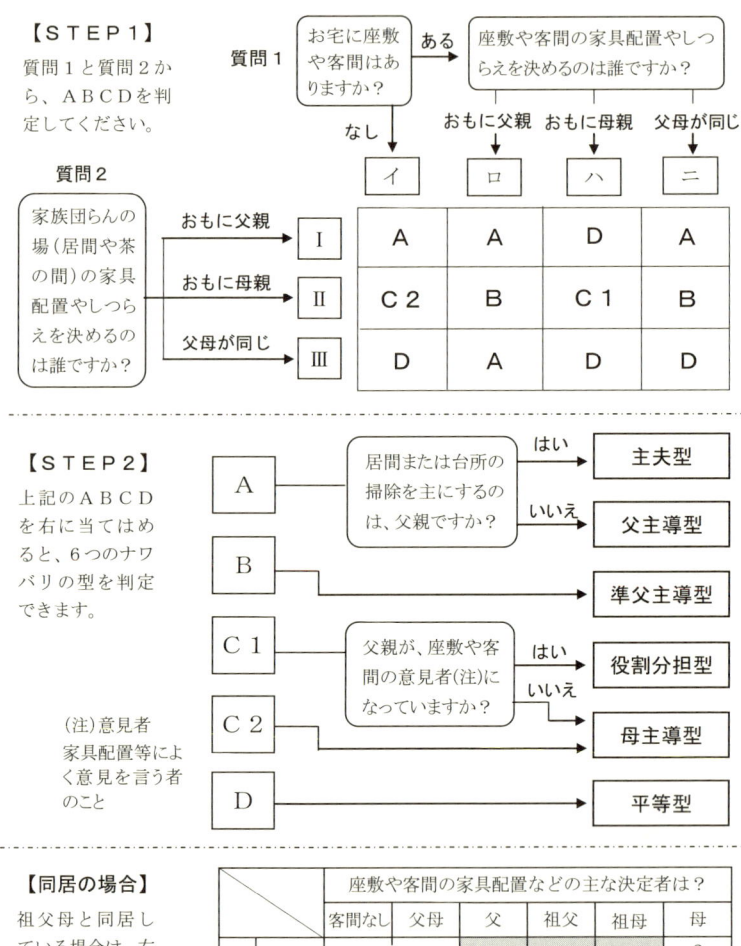

⑤平等型　夫婦が相談しながら家のしつらえを決めるタイプ。家全体を開放的にワンルーム的に住む傾向がみられる。若い夫婦や家への関心が高い夫婦に多い。

⑥主夫型　父親が住まい全体を支配するが、掃除も父親が行うタイプ。母親が働き、父親が家事をする主夫イメージ。たとえば、ＴＢＳの「誰よりもママを愛す」（２００６年）に登場した田村正和演じる愛妻家の専業主夫が典型。伊藤蘭が演じる敏腕弁護士の奥さんは、ほとんど家におらず、三人の子育ても夫任せ。この家族を調査すると、たぶん「主夫型」になる。

平等的な夫婦関係は難しい

さて、以上の6タイプは、読者の皆さんの実感と合っていただろうか。約2割は外れてしまうので、その場合はお許しいただきたい。

それはさておき、最も数が多いのは母主導型で、しかも近年増加している。このことは、日本の住まいのあり方について、一つの疑問を抱かせる。それは、これまで理想的とされてきた平等的な家族像とのギャップだ。むしろ、昔の家父長中心の家族の住まい方が、そのまま母親中心に代わったというイメージに近い。つまり、父母の違いはあれ、順位制の性格を維持しているとみられるのである。

しかも、昔は、少なくとも台所や寝室という女のナワバリがあった。それに比べると、現代の都市住宅では、父親のナワバリが希薄だ。たまに調査で父親の名前をみつけると、風呂や庭。まれに、トイレというのもある。それが、今日のサラリーマン家庭の現実なのである。さらに、夫婦共働きでもサラリーマン家庭の場合は母主導の傾向は変わらなかった。

さて、皆さんがこのような母主導型であったならば、それは問題視すべきものなのだろうか。私は、父親不在の状況を少し改善すれば、それほど問題のない住まい方だと考えている。その理由は、ナワバリ学では、母主導型は、温情家族にあたる標準タイプの一つだからだ（第3章）。温情家族の詳しい説明のためには、夫婦関係に加えて親子関係を明らかにしなければならない。先に進むことにしよう。

2　夫婦寝室の謎――夫婦は同じ部屋で寝るのか

夫婦別々の寝室が注目されている

ところで、夫婦寝室に注目が集まっている。この言葉には、夫婦は一つの部屋に寝るという意味が込められている。しかし、最近、夫婦が別々の部屋で寝る「夫婦別寝」が増えている。

そもそも戦前の日本では、「夫婦寝室」という言葉も部屋もなかった。唯一、農家のネマやナンドが若夫婦の夜の営みの場として独立していたが、そのような農家でも、子どもが生まれると、母親が子どもに添い寝し、父親が別に寝ることがみられた。つまり、夫婦関係よりも母子関係を重視する住まい方が、日本の特徴であった。

そして、今日においても、母親と子どもの添い寝の習慣は続いている。そのときに、親子全員が川の字になって寝ることもあれば、父親だけが別の部屋に寝ることもある。後者の別寝を選ぶ夫婦は、昔も今も少なくないのである（トピックス1）。

では、最近注目されているのは何だろうか。それは、高齢夫婦による別寝だ。このことを詳しく調べたのが住居学の沢田和子だ（２００１）[4]。首都圏のマンションを調べたところ、夫婦別寝が平均で26％あり、六

トピックス１　母親と子の同室就寝

夫婦寝室と子育てとの関係を示した調査として、切原舞子らによる全国調査が大変興味深い[5]（図２-２）。子どもが未就学児までは、親子全員が同室で寝るのが約７割を占める。父親だけ別室が約２割あるが、それを含めると９割以上が母子同室で寝ており、わが国の子育ての特徴が表れている。この数値は、約三十年前（１９８０年前後）に行われた今井範子の調査[6]とほぼ同じである。

子どもが小学生になっても半数以上が母子同室で、中学生以上でようやく同室が解消され、夫婦だけの寝室が多数派になる。

夫婦別寝は、子どもが中学生で13％と最も少なくなるが、高校生以上では再び増える。その大部分は、夫・妻・子どもが各々個室をもつかたち（図の黒塗り）である。子どもが18歳以上では、夫婦別寝が26％に達している。

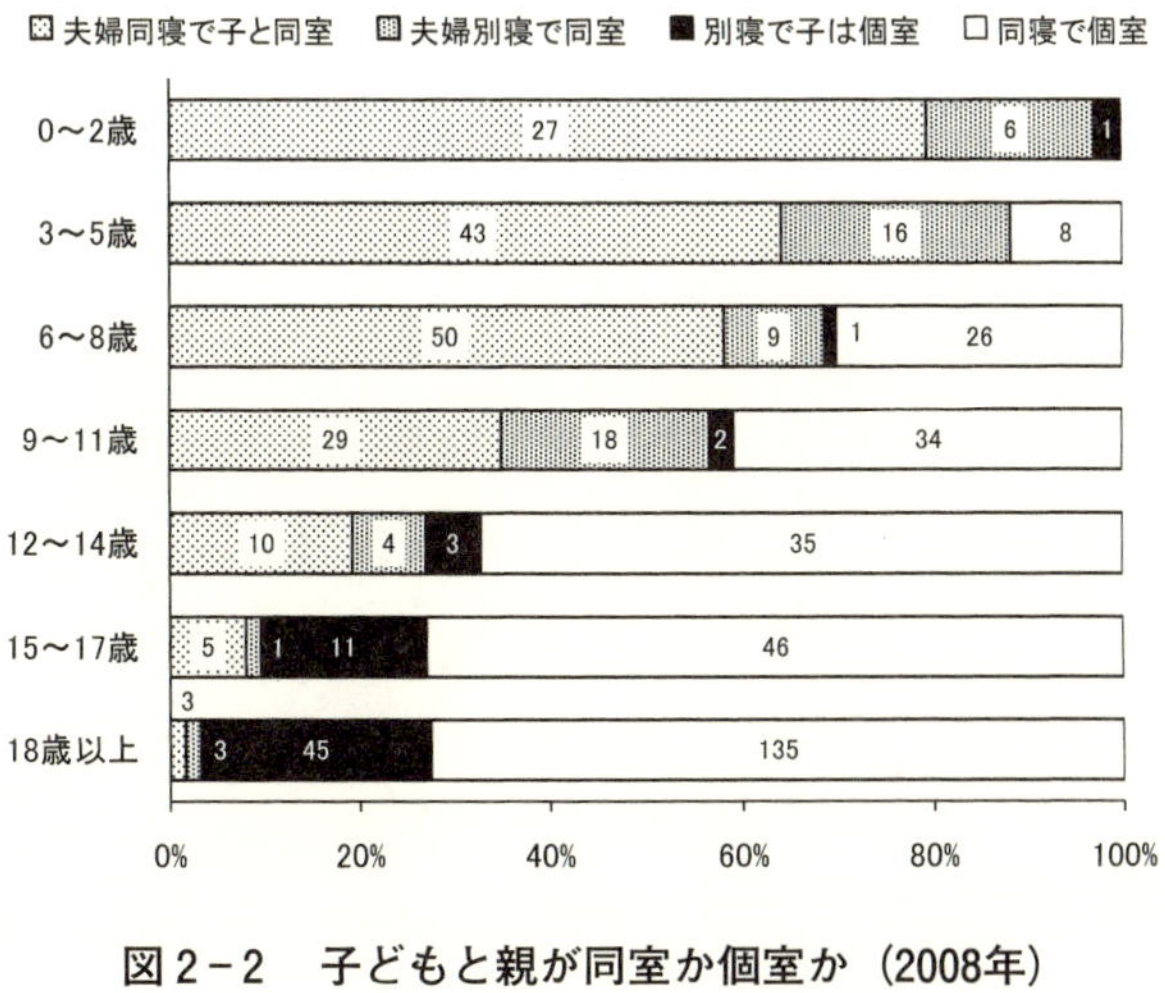

図２−２　子どもと親が同室か個室か（2008年）

十歳以上に限ると40％に達していた。しかも、興味深いのは、子どもの同居の有無による違いだ。同居していると、六十歳以上でも別寝は28％にとどまる。これに対して、子どもが独立して別居していると、年齢とともに別寝が増え、六十歳以上では、なんと53％にも達する。つまり、子どもが独立して部屋数が余ったり、子どもの眼を意識する必要がなくなったりすると、夫婦別寝が当たり前になっているのである。

そのほかの別寝の理由としては、夫婦の就寝時間が異なること、寝る前に音楽など別々の趣味を楽しむこと、妻からは旦那のいびきがうるさいことなどがあげられている。

国際的にみても日本は別寝が多い

ところで、国際的にみても日本の夫婦別寝は多いようだ。たとえば、五十歳以上を対象とした株式会社シニアコムによる国際比較（２００４）では、夫婦別寝が日本40％、韓国19％、アメリカ14％であった。[7] 欧米では、夫婦別寝は離婚の始まりといわれ同寝が当たり前とされているが、それに比べると、日本の別寝の多さが目立つ。その背景には、母子同室を重視する日本の子育ての慣習が影響しているとみられる。

しかし、そのアメリカでも、最近は夫婦別寝の議論が盛んなようだ。全米睡眠財団（ＮＳＦ）による二十五〜五十五歳対象の調査（２００５）をみると、夫婦の別寝が11％あり、しかも今後は増えると予想されている。[8] 日本の別寝は、全年齢では２割強（前出の沢田28％、切原21％）とみられるため、日米の差は依然として大きいが、それでも、夫婦別寝は離婚の始まりという意識は少しずつ変化してきているようだ。

夫婦寝室は願いの表現である

さて、以上のような別寝の現実があるにもかかわらず、なお、私たちは夫婦寝室という言葉にこだわる。その理由は何だろうか。

それは、「住まいとは、現実ではなく理想の表現である」からだろう。私たちが住まいに託すのは、家族はこうありたいという理想または希望だ。夫婦は仲良く一緒に寝室を共にしたいし、居間では親子みんながそろって団らんしたいと思う。現実には、そうなっていなくても、住まいには理想を求めたいのである。

そして、戦後の家族の民主化の中では、夫婦が一緒に寝るのが当たり前とされてきた。もし別寝を公言しようものなら、「あの夫婦はセックスレスで仲が悪い」と言われかねない。そのために、実態としては別寝が多いが、あまり表面化しなかったのである。しかし、高齢の夫婦となれば、そのような建前は不要だ。このため、高齢者の増加とともに、本音が素直に表れてきたわけだ。しかも、その風潮にのって、若夫婦の別寝も堂々と語られるようになってきた。つまり、結論はこうだ。

夫婦別寝は、昔から2~3割はあった。しかし、最近は、それが表に出てきたということだ。そして、別寝の理由の一つは、わが国での母親と幼児の添い寝の習慣にあり、それが高齢期において別寝に移行することへの抵抗感のなさにつながっている。

ときどき、共働きの増加や女性の自立が夫婦別寝を後押ししているという説明を聞くが、それは誤解だろう。働く女性が多いアメリカで夫婦別寝がそれほど多くないことをみれば、別の理由によると考えるべきだ。その理由として、子育て文化の特徴、つまり母親と幼児の添い寝の習慣がある。そして、もう一つ理由をあげるとすれば、アメリカほど離婚率が高くないことにありそうだ。つまり、形式上は夫婦だが、実質的には心が離れている家庭内離婚が、日本では多いといわれる。このことが、老夫婦の別寝を多くしているもう一つの理由だろう。このことを裏づけるのが、寝室のあり方と夫婦の会話を調べた山崎さゆりの調査だ（2002）[9]。それによると、夫婦の会話が月に二〜三回しかない疎遠な夫婦は、別寝では30％にも達していた（同寝では7％）。話す機会が月数回しかないとは、もはや夫婦とは言えないのかもしれない。

夫婦は二人で二人とはいえ

以上を通してみると、家族のナワバリにおいて、夫婦を二人で一人とみることはできない。実際の住まい方をみると、夫婦平等に話し合って家のしつらえを決める例は少なく、夫婦どちらかが主導権をもつことが普通だ。さらに、夫婦別寝も普通にみられる。やはり、夫婦は、それぞれ別の人格として、各々ナワバリをもつということだ。

しかし、忘れてはならないことが一つある。夫婦寝室とは建前にすぎないとしても、子どもからみると、やはり親は仲良く一緒にいることが理想ということだ。つまり、夫婦は二人で一人であって欲しいのである。実は、調査の中で、子どもが中高生での夫婦別寝の例があった。その一例では、子どもが父親の部屋を「じじいの部屋」と呼んでいた。もう一例では、父親を「あの人」と呼んでいた。子どもが思春期での夫婦別寝は、子どもに何らかの悪影響を与えている可能性は否定できない。

もちろん、子どもが巣立った老夫婦ならば、夫婦別寝は、夫婦の自由な選択だ。子どもも自立した大人だから心配は無用だ。別寝の申し出は、奥さんからのことが多いそうだが、子育てに苦労してきた老後、夫のいびきから離れて、本音に忠実に生きることも一つのあり方だろう。

しかし、子どもが思春期の頃は、夫婦別寝の選択を夫婦関係だけから決めてしまうことには不安がある。

もちろん、夫婦の心がつながっていれば、仮に別寝であっても、子どもにその心は自然に伝わる。しかし、夫婦の心が少し離れている場合は、どうだろうか。その場合は、むしろ、子どもの前では同室就寝を演じるくらいの努力が必要かもしれない。

図2-3の例は、夫婦が一緒という建前を保ちつつ、生活をある程度分けることができる面白い提案だ。しかも、急病のときにも互いにすぐ気がつくことができる。若夫婦にも老夫婦にも適用できる提案といえる。もちろん、仲の良い夫婦には不要なものだが。

図２－３　夫婦のベッドを収納で仕切る提案例

3　親子のナワバリを調べる――順調に自立している子どもたち

急速に普及した子ども部屋

次に、親子関係についてみてみよう。

子ども部屋は、戦前までの住まいにはなかった。普及したのは、戦後の高度成長期になってからのことだ。高度成長期の真ん中、１９６４年の調査では小学生の三人に一人が子ども部屋（共用を含む）をもつようになっていた[10]。それが、１９８１年の調査では、小学生で共用を含めて８割を越えている[11]。その後２０００年の調査でも、ほぼ同程度であることから、日本では１９８０年頃に子ども部屋が定着したとみられる（図２‐４）[12]。

ただし、日本では、幼児（ゼロ～五歳児）の子ども部屋が少ないことが特徴だ。同じ１９８１年のアメリカでは、幼児でも専用個室が65％、共用を含めると９割に達しており、日本の共用を含めても４割とは明瞭な差があることが分かる[11]。

このように子ども部屋が普及する一方で、個室化は親子関係を疎遠にするという主張、あるいは非行を促すという主張もみられる。子育て中の読者の方がいらっしゃれば心配になるところだろう。さっそく、ナワバリ学を通して実態をみてみよう。

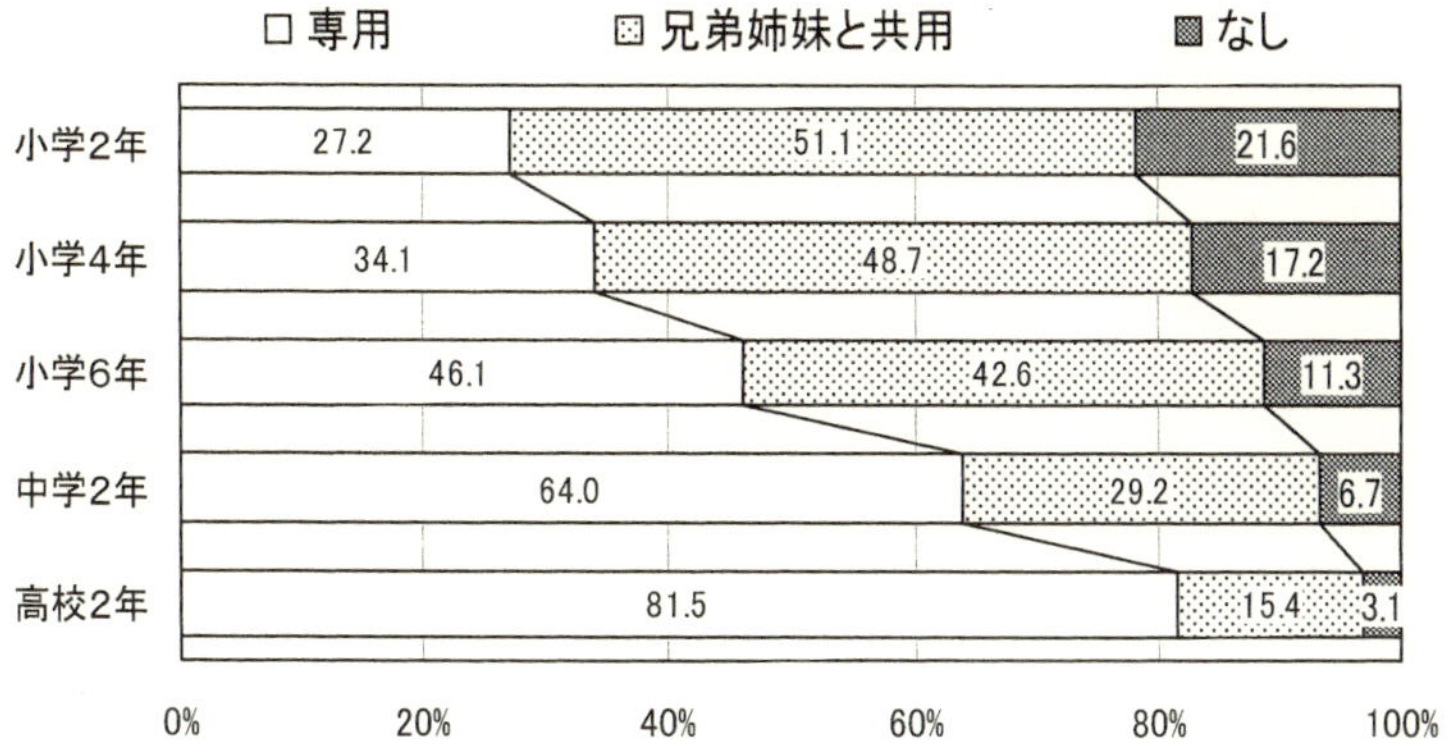

図2－4　子ども部屋の実態（文部科学省，2002年[12]）

世界の子ども部屋の調査

世界各国での子ども部屋をめぐる親の養育態度を調べたのが、住居学の北浦かほるだ[13]。少し古い調査だが、日米の違いを知るには大変貴重なものだ（図2-5）。

それによると、アメリカの中流家庭は、個室を活用して子どもの自立を育むことを重視している。具体的には、子どもがゼロ歳児から個室で就寝させ、少し成長すれば掃除も子どもにさせる。さらに、子どもの逃げ場や反省の場として個室を活用する。たとえば、子どもを叱るときに、日本では「家から出ていけ」と言う。しかし、アメリカでは、「部屋に閉じこめる」と言うそうだ。一人になって反省させることが目的だという。アメリカでは、子ども部屋に鍵があることが少なくないが、その理由の一つは、外から鍵を掛けるためのようだ。

また、欧米各国では、親は子どもと会話するために努力する。その会話のために、親が子どもの個室に入ることがよくあるという。一方、日本では、個室にいる子どもと会話する努力は乏しい。むしろ、個室では勉強している（はずだ）から邪魔しないという意識が強い。親が個室に入るのは、子どもが居ないときで、部屋

問　いつもお子さんの部屋を掃除するのは誰ですか。（左：日本、右：米国）

日本では母親が多いが、米国では小学生から自分で掃除する。

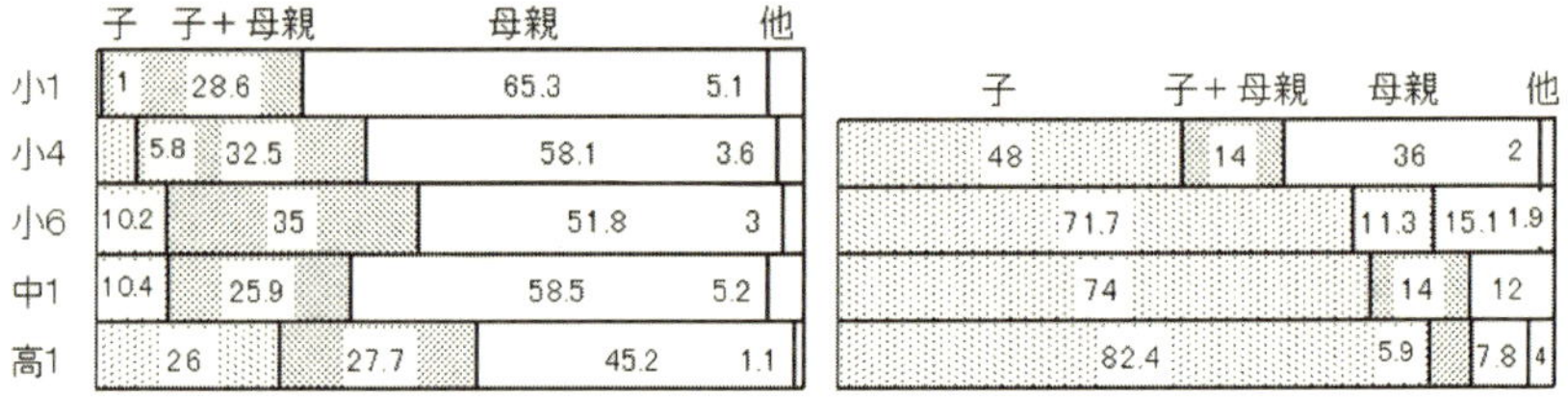

問　あなたは「お子さんの部屋」に１日何回くらい入りますか。

日本は部屋によく入る。理由は、掃除や子どもの衣類の収納。米国では、衣類収納、会話や就寝挨拶のための入室が多い。

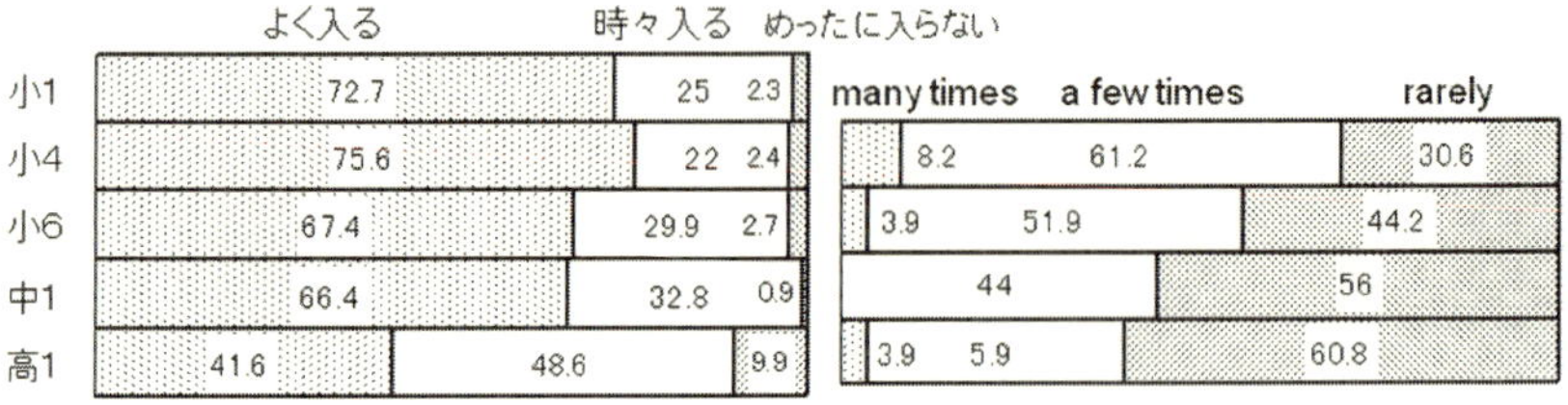

問　家でお子さんにやらせている仕事はありますか。

日本では家事参加が少なく、高校生になると受験等を優先して減る。米国では、学年にかかわらず家事参加をさせている。

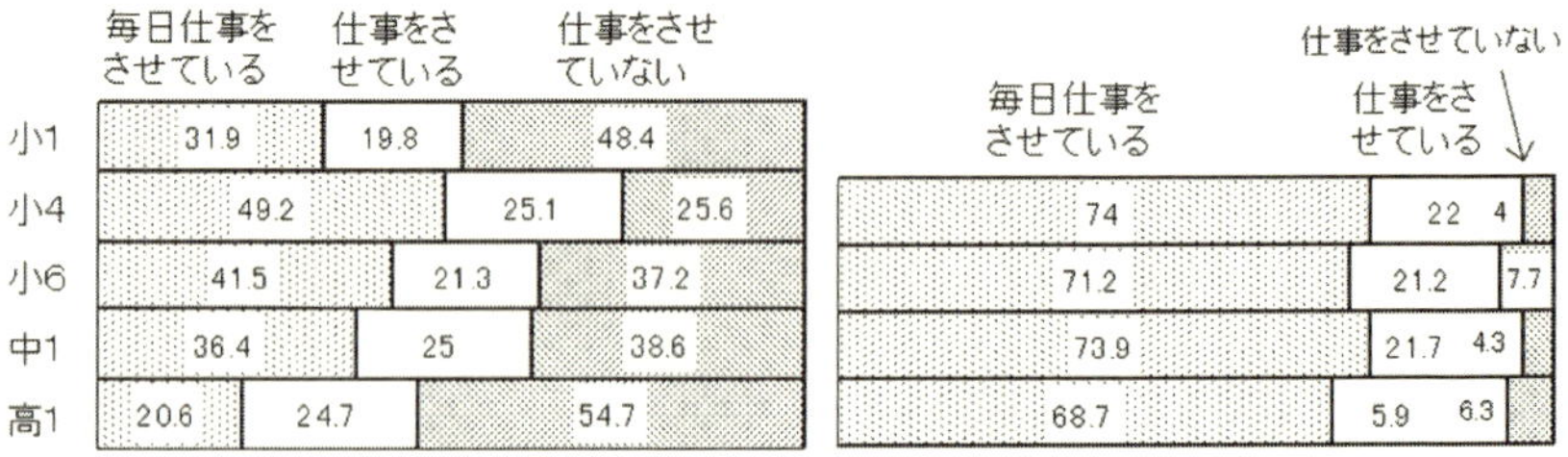

図２－５　子ども部屋をめぐる親の養育態度の日米比較調査（1988年）（北浦，2004）[13]より

の掃除を母親がすることも多い。つまり、子ども部屋を舞台にした養育態度が、欧米とは大きく異なる。しかし、この違いをみて、日本の養育態度は間違っていると判断するのは早計だ。というのは、日本の幼児にとっての子ども部屋は、遊び部屋、散らかし部屋であり、夜に寝るのは母親と一緒だからだ。子どもが個室をもつのは、小学校高学年になってからと遅い。つまり、親子の自然な一体感を重視した養育態度をとっているわけだ。これを北浦は、日本は集団主義に基づく養育態度、アメリカは、個人主義に基づく養育態度とした。興味深い発見だろう。いずれにしても、子ども部屋を生かすも殺すも、親の養育態度次第という北浦の主張には共感できる。[14] 子ども部屋に罪はないのである。

では、どのように子ども部屋を使いこなせばよいのだろうか。ナワバリ学を通して調べてみよう。

子どもの年齢で異なる親子のナワバリ

子どものナワバリを知るためには、子ども部屋だけをみるのではなく、居間における子どもの居場所にも注目することが必要だ。そこで、二つの調査を行う。一つは、子ども部屋の家具配置やしつらえを決めているのは誰かと聞くものだ。もう一つは、居間のしつらえに、子どもが意見を言うことがあるかどうかだ。[15] この二つを組み合わせると、子どものナワバリがみえてくる（図2-6）。簡単に調べられるので、読者の皆さんも試してみてはいかがだろうか。

図2-7は、あるメーカー住宅を建てた世帯の結果だ。[16] これをみると、子どもの年齢によってタイプが大きく変化し、とくに中学生になる十二歳での変化が大きいことが分かる。四つのタイプの特徴をみてみよう。

①**従属**　このタイプは、子ども部屋がないか、あっても部屋のしつらえを親が決め、子どもは何も言わな

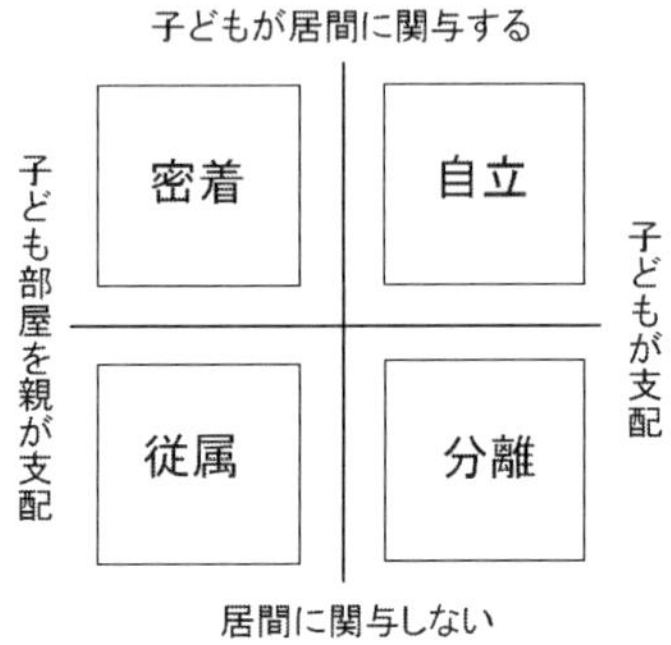

図2-6　子どものナワバリの形態

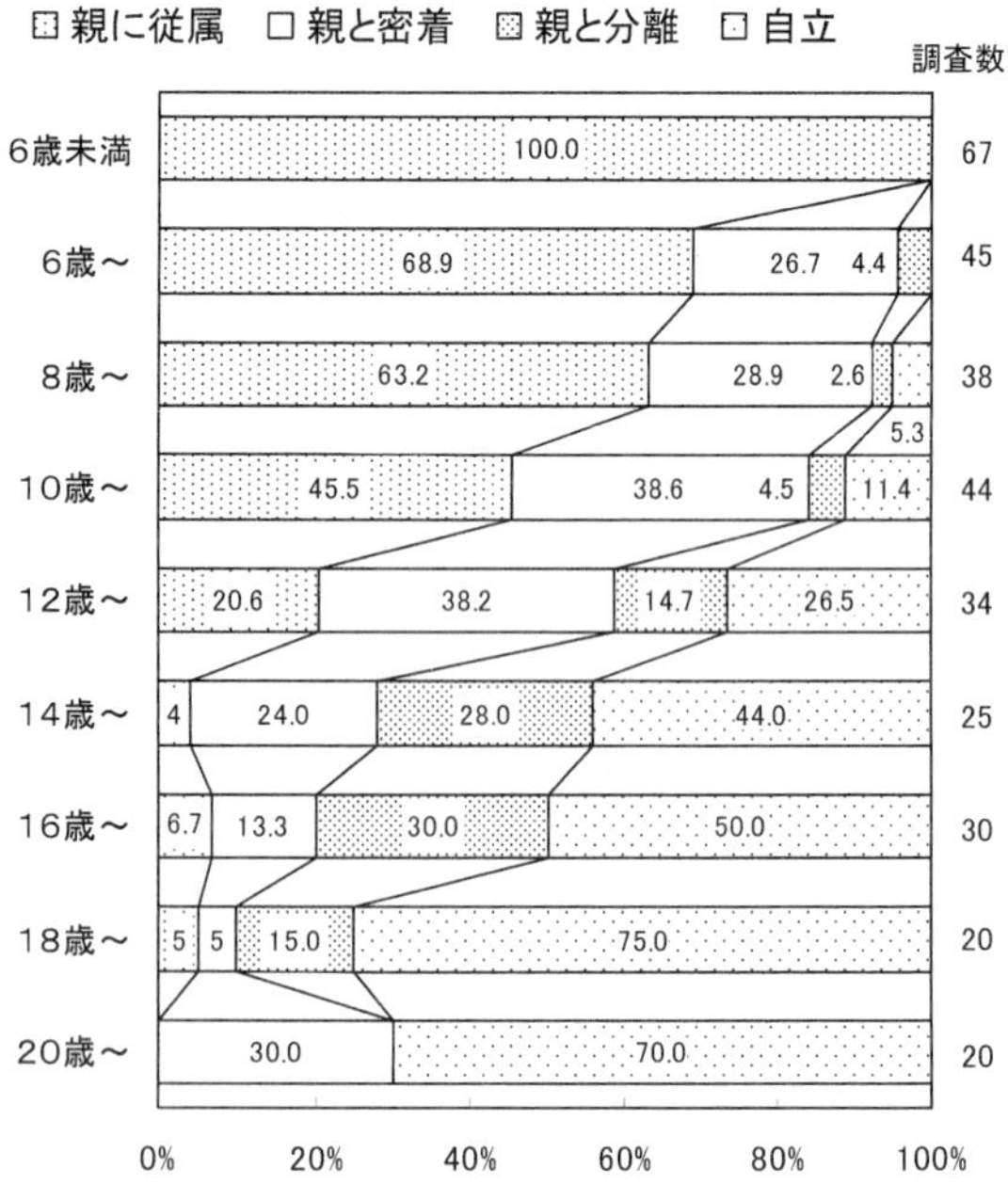

図2-7　子どものナワバリの調査結果（小林，1991[16]）

い。もちろん、掃除は母親が行う。いわば子どもが自立しておらず親に任せきりのイメージだ。幼児では全員がこのタイプだが、中学生を境にしてほぼなくなっている。

②**密着**　子ども部屋のしつらえを決めたり掃除をしたりするのが母親であり、その一方で、居間に子どもが関心をもつタイプ。親子が一心同体化しているイメージがある。女子に多く、成人後も3割を占めることが特徴だ。

③**分離**　個室は子どもが支配するが、その一方で、居間のしつらえに関心をもたないタイプ。親が煙たく

なる中学生から高校生に多くみられる。親子関係が希薄で、子どもが個室に閉じこもるイメージもある。

④自立　個室を子どもが支配する一方で、居間のしつらえにも子どもが意見を言うタイプ。居間に子どもの居場所があると同時に、親子の会話があることを示している。小学校高学年から少しずつ登場し、高校生で約半数になり、卒業後は7割以上を占める。現代の民主的な家族のイメージだ。

子ども部屋がなくても心配はいらない

ところで、住宅が狭くて、子ども部屋を確保できない場合はどうすればよいのだろうか。大学の講義で学生に聞いたところ、高校時代に専用の子ども部屋がなかった学生が、58人中12人いた。[17] この比率は、先に紹介した全国調査とほぼ同じだ。いずれも一部屋に複数の子どもが寝るかたちだ。住まい方は、「従属」と「密着」が多く、母親が中心の住まいにおいて、女子は母親と密着し、男子は従属する違いがみられた。しかし、いずれの場合も、高校卒業後は実家を離れて一人暮らしをしており、学業上も特段の問題はみられなかった。

振り返ると、戦前の住まいにも子ども部屋はなかった。そこでは、家父長制のもとで、子どもは一人前とは認められていなかった。つまり、「従属」であったと考えられる。その後、長男だけが自分のナワバリを確立していく。その他の子どもは、思春期以降になると、女中や奉公などで家を出て独立することが多かった。

このようにみると、成人後の独立への道が開けており、そのための心構えが親子にあるならば、専用の子ども部屋がなくても心配する必要はないといえる。繰り返しになるが、ナワバリ学では、家族の住まい方としてナワバリ制と順位制の二つがあるとしている。個室はナワバリ制であり、個室がない住まいは順位制だ。

そこに優劣はない。そして、順位制の住まいでは、一つの空間で円滑に暮らすために、お互いへの気遣いや作法、暮らし方のルールという順位行動が発達する。子ども部屋がなかった12人の学生は、このような気遣いや作法を無意識のうちに身につけたのではないだろうか。

その一方で、個室暮らし慣れた学生が、気遣いや作法を後から学ぶにはそれなりの経験が必要だ。今日、大学の学生寮では相部屋が不人気だ。しかし、あえてルームメイトと暮らす経験をしてみるのはどうだろうか。最初はストレスを感じるだろうが、気遣いや暮らしのルールを学ぶよい経験になるはずだ。

子どもの年齢で異なる親子のナワバリ

さて、この結果から何を学べばよいのだろうか。

最も重要なことは、子どもの年齢によって、ナワバリのあり方が大きく変わることだ。これまで多くの知識人が子ども部屋について論じているが（第4章・7章）、往々にして子どもの年齢への言及がない。ある者は、中学生以上を思い浮かべて、家族一人ひとりの自立と個室の大切さを主張する。また逆に、ある者は、個室は不要だと主張するが、想定している子どもは、小学生程度だ。このように想定する年齢にズレがあることが、子ども部屋に正反対の主張を生み出し、私たちを混乱させている大きな原因だ。

やはり、子どもの年齢に応じて、子ども部屋の使いこなし方を丁寧に組み立てることが大切だ。とくに、ゼロ歳児から個室を与える欧米と異なり、日本では、成長段階に応じて子ども部屋をうまく使い分けている。これは、長年の知恵が生み出した日本の住文化の一つなのである。

4　子ども部屋のうまい使いこなし方

一般的な子ども部屋の使いこなし方

では、年齢に応じた子ども部屋の使いこなし方をみてみよう。

①幼児期

子どもが幼児のときには、多くの家庭は、親子の一体感を大切にした住まい方をしている。たとえば、親子が川の字に寝るのも楽しいし、また、母親と幼児が一緒に寝て、父親が別室に寝るのも、わが国の慣習の一つだ。この時期の夫婦の別寝は、夫婦の夜の営みを幼児から隠すという意味もある。つまり、母親は、幼児が寝た後で父親の寝室に通うわけだ。

そして、川の字にしても父親との別寝にしても、共通点は、母親と子どもの添い寝であり、それを通した母子の触れあいの重視だ。これは、日本の養育態度の特徴である。

②小中学生

そして、子どもが小学生になる前後から、まず、兄弟姉妹で共用の子ども部屋をもつ。このとき、子どものベッドまわりは、狭いながらも個人のナワバリだ。子どもは、いろんな物をベッドまわりに持ち込もうとするだろう。それは温かく見守りたい。そして、小学校高学年から中学生にかけて、徐々に一人ひとりの専用個室をもつようになる。このときに、個室のしつらえを子どもが決め、掃除も子どもが行うことが大切だ。これにより、個室が子どものナワバリとして確立していく。そして、この時期に最も重要なことは、個室の確立と同時に、居間や食事室において家族が触れあう機会を重視することだ。

それは、積極的に会話をすることでもよいし、親子が互いに気配を感じることでもよい。一方、この時期に最も避けたいことは、子ども部屋にテレビをおき、子どもを邪魔扱いして個室に追いやることだ。子どもは居間での居場所を失い、分離傾向への助走となってしまう。

③思春期以降の中高校生

そして、中高校生になれば、もはや大人だ。住宅の広さが許す限り専用の個室を確保することが望ましい。多くの家庭では、中高校生になると順調に「自立」へと成長している。つまり、個室を子どもが支配する一方で、居間にも子どもは居場所をもつ。このような状態になれば、親元を離れて一人暮らしするよい準備になる。

また、住宅が狭くて個室が確保できなくても心配はない。この時期の従属や密着は、様々な順位行動を学ぶ機会として前向きに捉えることができる。

④高校卒業後

高校を卒業すると、子どもは一人前という意識になる。多くの家庭では、この時期に子どもが一人暮らしをして実家を離れるが、大都市では、自宅からの通学や通勤も多い。後者の場合、それぞれが自立した暮らしをしているが、注意するのは、次の二つの場合だ。一つは、親子の分離傾向が続いている場合、もう一つは、母子が密着する場合だ。成人後のこれらの形態は、閉じこもりや母子密着の懸念があり、後述するように注意が必要になる。

子ども部屋はゼロ歳からという意見

さて、これまでみてきたように、日本の一般的な住まい方は、小学校低学年までは親子の一体感を重視し、年齢とともに徐々に個室を使いこなして自立するというものだ。しかし、これは、アメリカの中流家庭における養育態度とは異なる。

アメリカでは、ゼロ歳頃から個室を与え、自立の態度を育む。そして、このことを紹介した北浦かほるも、小さい頃から個室を与えることが望ましいと主張している。この意見は、どう理解すればよいのだろうか。

私は、多くの子どものナワバリが、従属から自立へと順調に成長していることを前向きに評価している。個室を確保するのが遅いが、そこに問題は感じない。おそらく、個人主義よりは集団主義といわれる日本文化の特徴が表れているのだろう。それは、文化の差異であり、優劣ではないと考えている。

しかし、集団主義そのものを否定して、強い個人主義を求めるべきだという主張もあってよい。確かに、集団主義は、意識が内向きになりやすい。ナワバリ学の言葉では、順位制集団にあたるが、そこでは、気遣いや暗黙のルールを共有する仲間とは居心地がよいが、逆に、異文化の人々と交流することは苦手になる。これに対して、相手と意見交換して理解しあうことを重視する強い個人、異文化でも活躍しうる強い個人を育てるならば、小さい頃から子ども部屋を与え、母親の庇護よりは、個人の独立心を育てるような養育態度が望ましいかもしれない。北浦の主張を私なりに理解すれば、このようなことではないだろうか。

もちろん、その逆の主張もある。たとえば、日本の経済発展は、会社を家族とみなすような集団主義の力によるところが大きかったとするものだ。

とはいえ、集団主義的であれ個人主義的であれ、どのような養育態度をとるかは、各家庭の選択によるものだ。少なくとも、両方の養育態度とも、子ども部屋の使いこなしとしては理にかなっている。問題があるとすれば、居間に子どもが出てこなくなるような誤った子ども部屋の使いこなしだ。それは、集団主義にも個人主義にも適合しない。不健全な親子関係への一歩になるのである。

5　閉じこもりと母子密着への対応

閉じこもりについての一考

親子の「分離」は、中高校生の男子に多くみられることから、思春期の心理と密接に関わるとみられる。多くは、就職や大学入学を契機として、子どもが一人暮らししたり、あるいは親子関係が対等になったりして自然に解決される。

しかし、数は少ないが、「分離」の中に、病理を感じさせる例がある。いわゆる引き籠もりだ。このような引き籠もりが、適応障害に至ると専門外で私の手には負えないが、その前段には、様々な危険信号がある。危険信号の一つは、親をどう呼んでいるかだ。「じじい」「ばばあ」「あの人」などの呼び方が表れたり、親を呼ぶこと自体がなくなったりすると心配だ。さらに、この時期に夫婦とも仕事で忙しくて一緒に食事をとる機会が乏しいと、家族バラバラであることを子どもに伝える意味をもってしまう。つまり、分離傾向のナワバリに加えて、その周辺に様々な危険信号がちらばっている場合は注意する必要がある。

このような場合は、親子で理解しあうように努力するほかないが、そのための心理的負担は大きい。やはり、そうならないように、小中学生までの暮らし方において危険信号を読み取り、早めに対処することが大切になる。

子ども部屋をなくすより居間での居場所づくり

図2－8　大きなテーブルに家族が集う

ところで、危険信号への対応策として、分離傾向の子どもの個室を取り上げるという考えはどうだろうか。強制的に家族の場に引き出すわけだ。しかし、これは乱暴な意見だと思う。個室をなくせば、子どもは家庭外に逃避する。というのは、ナワバリ学では、人間はどこかにナワバリをもつことで精神の安定をはかるとする。問題は、そのナワバリをどこにもつかだ。もし、家庭内に自分のナワバリがなければ、家庭外にそれを求める。それが非行少年少女のたまり場だ。それよりは、個室にナワバリをもつほうがまだ安心かもしれない。また、子どもの分離傾向は、それまでの母子関係の積み重ねであることが多く、母親自身が修復することは容易ではない。父親の役割が重要だろう。

しかし、繰り返しになるが、住居学の立場から言えば、そうならないように小中学生までの暮らし方を大切にしたい。とくに、居間での子どもの居場所づくりに配慮することが重要だ。

小学生ならば、学校の宿題を食事のテーブルで行うのもよいだろう。もし、親の使い方と競合するようならば、ソファーセットをなくして大きなテーブルを居間におくことも一案だ（図2-8）。大きなテーブルならば、家族が同時に使うことができる。また、居間の一角に勉強コーナーを設ける提案もある。そして、家族それぞれが別のことをしていても、一つの空間にいることで一体感や順位行動を自然に育む。加えて、親と子が、ときどきは言葉を交わすことがあれば望ましいだろう。

母子密着についての一考

もう一つの課題は、成人後の母子密着を示すナワバリをどう理解するかだ。「密着」の中には、父子密着も理論上はあるが、調査では発見できなかった。このため、母子密着に絞って考えてみよう。

母子密着は、ほとんどは母親と娘によるものだ。最近、「一卵性母娘」と呼ばれ、相互依存する母と娘が話題になっている。このことが、娘のパラサイトシングル（親に依存して暮らす独身者）や、結婚したものの実家との結びつきが強くて離婚してしまう原因になると言われている。やはり、成人後の密着は解消したいナワバリの形態だろう。ナワバリに表れる危険信号は、母親が娘の部屋の掃除を頻繁に行っていることだ。個室くらいは娘に管理させることが大切だろう。

一方、息子の場合で、子ども部屋の家具配置を母親が決めたり、掃除を母親がしたりしていると危険信号になる。これが成人後も続くようだと、いわゆるマザコンの懸念が出てくる。

では、このような成人後の密着や従属を解決するには、どうしたらよいのだろうか。まずは、個室の管理を子どもがすることだが、それがうまくいかなければ、子どもに一人暮らしをさせることが考えられる。それによって子どもの自立を促すだけではなく、母親の子離れを促すわけだ。

また、やはり重要なことは、中高校生までの暮らし方である。個室においては、最低限、子ども部屋の掃除を自分でするような習慣づけが必要だ。逆に、居間においては、子どもの居場所づくりに配慮するとともに、順位行動に基づく礼儀、作法、気遣いを育むことが大切なのである。

注

[1] 小林秀樹「現代住居における場の支配形態――住居における生活領域に関する研究その1」『日本建築学会計画系論文集』468号、65～74頁、1995。

[2] 夫婦のナワバリの6タイプが実態と合致する比率は、注[1]の調査では8割であった。しかし六タイプには、さらに細分類がある。それを含めると、さらに夫婦関係の実態に近づくことができる。詳しくは、第3章2「ナワバリ学からみた集団主義論」を参照のこと。

[3] 1993年に行った栃木県の大学生111人のうち片親を除く101人を対象とした調査(注[1]に詳しい)と、2008～12年の千葉県の大学生104のうち片親を除く97人に対する調査。6タイプの比率は、栃木と千葉の順に下記の通り。父主導型(28%・15%)、準父主導型(18%・7%)、役割分担型(15%・13%)、母主導型(30%・54%)、平等型(7%・10%)、主夫型(3%・0%)。

[4] 沢田知子「熟年・高齢期におけるライフスタイルと住まい方の特徴」『日本建築学会計画系論文集』547号、95～102頁、2001。

[5] 切原舞子他「夫婦の寝室形態の特徴と寝室・私的領域の計画課題について」『日本建築学会計画系論文集』660号、281～286頁、2011。全国各地の戸建住宅337件の調査(2008)より。本書掲載のデータは未公開分。

[6] 今井範子「住様式からみた住宅平面に関する研究」京都大学博士論文、1986。関西集合住宅653例(有効回答605)の調査より。第一子未就学児239例での夫婦別寝は15%であった。

［7］株式会社シニアコミュニケーション（現シニアコム）の２００４年調査。五十歳以上男女の同社登録会員が対象。調査数は、日本６００、韓国４９９、米国３２１。

［8］全米睡眠財団（National Sleep Foundation）が２００５年に実施した全米１５００サンプルの抽出調査より。同財団ホームページより概要版を入手できる。

［9］山崎さゆり「夫婦の就寝形態について」『人間福祉研究』第5号、２００２、99～１０９頁。

［10］厚生省児童家庭局「昭和三十九年度全国家庭福祉実態調査報告」１９６５。

［11］総理府編「国際比較――青少年と家庭」１９８２年に子ども部屋の各国比較が掲載されている。それによると、日本では、幼児（0～5歳）で専用個室16％・共用室26％・合計41％（以下、この順）。小学生（6～10歳）で34％・47％・82％。高学年から中学生（11～15歳）で63％・27％・90％である。同時期のアメリカでは、幼児で65％・26％・91％。小学生で62％・34％・96％。高学年から中学生で67％・27％・96％である。中学生では日本と差がないが、幼児では大きな差がある。また、イギリス、西ドイツ、フランスはアメリカに近い。一方、韓国は、日本より子ども部屋の比率が低くなっている。

［12］文部科学省「児童生徒の心の健康と生活習慣に関する調査」２００２。調査は２０００年。

［13］北浦かほる『世界の子ども部屋――子どもの自立と空間の役割』井上書院、２００４。調査結果は、第1章の注［1］の文献参照。

［14］北浦かほる・祐成保志「家族のあり方とｎＬＤＫ」『住宅総合研究財団すまいろん』２００８秋号。

［15］お子さんは、居間や茶の間の家具の置き方やしつらえに、どの程度関心をもちますか。選択肢は、①自分が中心に決める、②よく意見やアドバスを言う、③ときどき話題にする程度で意見は少ない、④何も言わない（幼児で言えない）。このうち、①から③の回答を、「子どもが居間に関与する」と判定する。一方、子ども部屋のしつらえの決定者については、Ａ　子ども部屋無し、Ｂ　親が支配する（決める）、Ｃ　子が支配する、の三つに分

ける。この両者を組み合わせて、図2-7の四分類を導く。

紹介した調査データは、大手住宅メーカーの建主を対象としたアンケート調査の結果である。発送570、回収331（回収率58％）。調査時期は1990年とやや古いが、住宅が広めの中流家庭の住まいであり、今日の一般的動向に通じていると考えられる。

[16] 小林秀樹「住居における子供の生活領域についての基礎的検討」『日本建築学会大会学術講演梗概集』1991、『建築計画』153-154頁。

[17] 筆者の大学院授業での学生に対する調査（2008〜12年）。親と同居時の住まい方（下宿生は高校時、自宅生は現在）を記録してもらう。留学生を除く有効104名。概要は以下の通り。高校生時点では、自立32、分離11、密着8、従属7。自宅通学生では、自立32、分離11、密着2、従属1。高校生時点で専用個室がない者は、58名中12名。12名の親は、母主導8、父主導2、母子家庭2。子どものナワバリは、従属（男4、女1）、密着（男2、女2）、自立（男1、女1）、分離（男1、女0）であった。

第3章　床上文化と家族温情主義

1　集団主義を特徴とする日本の住まい

これまでの夫婦や親子のナワバリを踏まえると、そこで展開している住まい方は、個人のプライバシーを大切にするよりは、家族の一体感を優先する傾向がみられた。これを、ひとまず「家族集団主義」と呼ぶことにするが、なぜ、そのような住まい方が日本では根強いのだろうか。

この章では、より深く知りたい読者に向けて、その答えを探してみたい。

根強い順位制の住まい方

日本の昔の住まいは、家父長を頂点とする順位制の住まい方に特徴があった。住まいのしつらえの決定者は家父長であり、もちろん女や子どもの個室はなかった。その中にあって、主婦の決定権は、台所や寝る部屋などに表れた。それが、昭和初期までの役割分担の自然な姿であった。

図3－1　LDK住宅の理念的イメージ

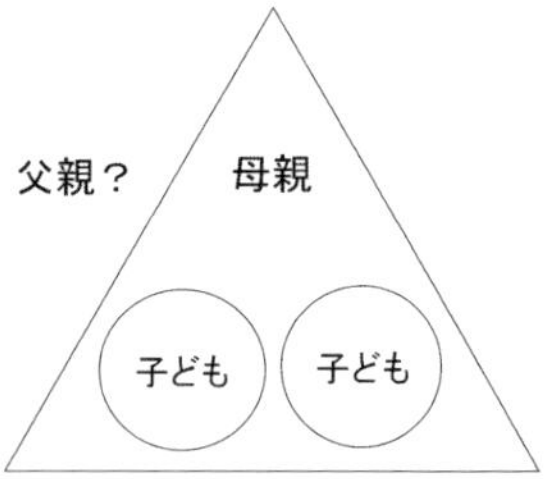

図3－2　現代住居（母主導型）の一般的イメージ

その後、住まいの近代化とともに、個室をもつ間取りへと変化した。その理念を表現すると、図3-1のようになる。つまり、家族みんなのＬＤＫを確保しつつ、一人ひとりの個室があるという構成だ[1]。そこで想定されている住まい方は、家族みんなが平等であり、自立した個人がＬＤＫに集まるというイメージだ。

しかし、ナワバリ学が明らかにした実態は、この図とは異なっていた。最も数が多かった母主導型を示すと、家全体が母親の場であり、その中に子どもが部屋を与えられているというイメージになる。そして父親の存在感は薄い（図3-2）。言い換えれば、平等的な家族ではなく、順位制の頂点が家父長から母親に代わっただけだ[2]。

もちろん、両者の順位制のイメージはかなり異なる。昔のように権威的な家父長とそれに従う女や子どもたちという封建的な関係ではなく、母性愛に基づく庇護と、それを受け止める子どもたちという関係だ。

そこでは、母親からみると家全体が自分のナワバリになる。日本では、子ども部屋に鍵がない理由も、母親が子ども部屋に自由に出入りする理由も、さらには、寝間着で居間にいても気にしない理由も、同様な意識によるものだろう。つまり、寝室や個室はあっても、家全体がひと続きの空間というイメージなのである。

これは、家族みんなが平等で、各人が個室をもつという理念とは異なる。住宅の間取りは大きく変わっているにもかかわらず、なぜ、順位制に基づく住まい方が根強く残っているのだろうか。

日本人は集団主義という通説

1970年頃に、日本文化の特徴を集団主義に求める議論が盛んであった。たとえば、中根千枝『タテ社会の人間関係』、土居健郎『甘えの構造』などが代表だ。[3] その後、日本でも個人の自立、あるいは個人主義が進展し、他人並みから自分並みへの転換が生じたといわれた（山崎正和『柔らかい個人主義の誕生』、博報堂『分衆の誕生』など）。[4] そのような変化はあったが、今日でも依然として、仲間はずれを恐れる若者、群れたがる日本人、会社でのタテ関係の強さなど、集団主義を示す指摘は続いている。

そして、家族と住まいのナワバリ学が示したことは、子どもの成長にとって影響が大きい家庭環境において、家族の一体感を大切にし、順位制を無意識のうちに重視した住まい方が根強いということだ。

しかし、その一方で、日本人は集団主義だという認識の誤りも指摘されている。その代表は、高野陽太郎『集団主義という錯覚』[5] であり、同書では様々な調査結果を踏まえて、日本人は集団主義で、アメリカ人は個人主義だという認識が誤りであることを明快に指摘している。とすれば、ナワバリ学が示した家族集団主義という認識は誤りなのだろうか。この疑問に応えるために、集団主義とナワバリ学の関わりについて考察を深めてみよう。

2　ナワバリ学からみた集団主義論

集団主義と個人主義の4タイプ

ナワバリ学は、ある集団における行動様式に注目している。その典型として、順位制と領域性（ナワバリ制）があるとしている。[6] 大ざっぱに言えば、動物の群れ生活を特徴づける順位制は集団主義の行動様式に対応し、互いの接触を避ける領域制は個人主義に対応している。しかし、動物に比べて高度な社会性を有する人間の行動を、順位制と領域制の二つに集約するのは無理がある。それと同様に、集団主義と個人主義の二つに分けるのも、やはり無理があると言ってよい。

社会心理学者トリアンディスは、世界各国の調査を通じて、集団主義と個人主義を4タイプに分けることを提案している。[7] これを図にしてみた（図3-3）。

縦軸は、相互依存的と独立的という自己観だ。相互依存的とは、自分は他者と依存しあう関係とみるもので、集団に帰属しそのまとまりを大切にする価値観と言ってよい。いわゆる「集団主義」に対応する。一方の独立的とは、自分は他者とは切り離された独立した存在とみるもので、「個人主義」に対応する。

そして、横軸は、垂直的と水平的という自己観だ。垂直的とは、自分は「他者と異質」だとする認識のことだが、いわゆるタテ関係や順位関係を重視する価値観と理解したい。一方の水平的は、「他者と同一」とする自己観で、互いに平等だとする価値観といえる。これら二つの軸を組み合わせて4タイプを導いている。

日本は、垂直的集団主義にあたるそうだ。つまり、タテ関係を重視した集団主義ということだ。日本語には上下関係を大切にした敬語が発達していることから、なるほどと思わせる。ただし、どの文化にも多様な人々がいるため、日本＝垂直的集団主義と単純に理解するのは誤りで、その傾向が強いという程度に理解すべきだとしている。

そして、トリアンディスの指摘で興味深いことは、集団主義は垂直的であることを典型とし、個人主義は水平的であることを典型とするとしていることだ。これは、ナワバリ学でいうところの、集団には順位が生じ、領域制は一国一城の主として平等を求めるという考えに通じる。このように2タイプを典型としつつも、前述した4タイプを用いることで、各国の文化をよりよく理解できると提唱したわけだ。

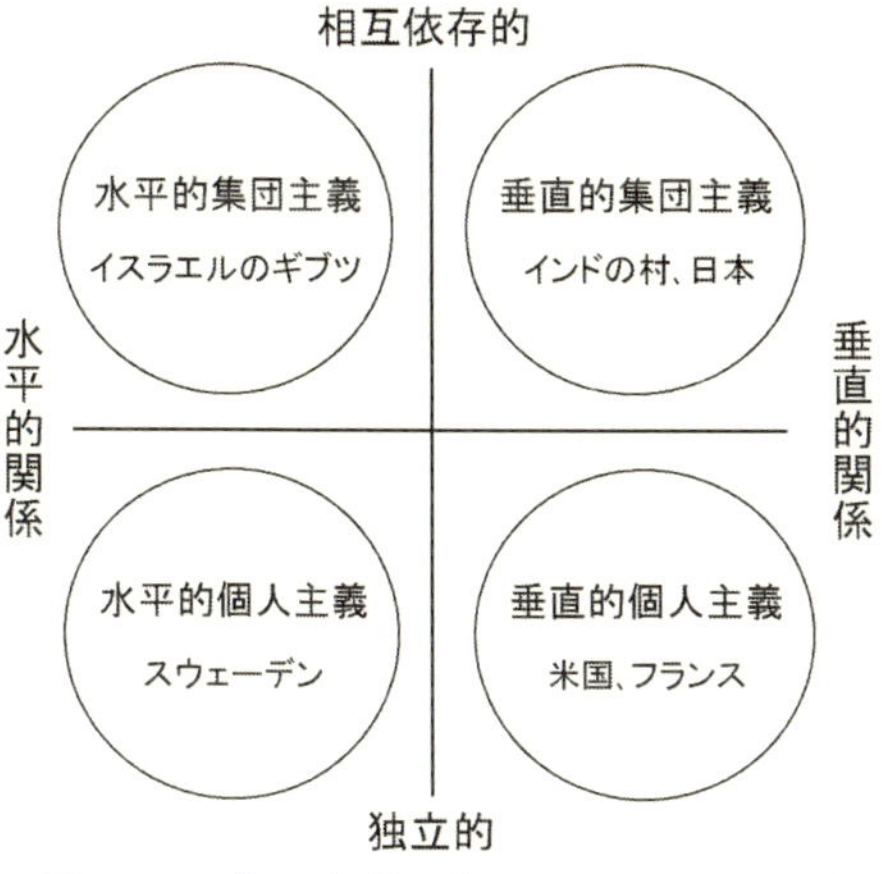

図3－3　個人主義と集団主義の4タイプ
（トリアンディス，2002[7]）

ナワバリ学が提案する四つの行動様式

トリアンディスの提案を参考にして、ナワバリ学における4タイプを考えてみよう。

順位制や領域制は、各国の社会を定義するものではない。その社会の中でうまくやっていくための行動様式を表している。つまり、集団でうまくやっていくためには、上下関係に基づく順位行動を発達させることが必要だ。同様に、自立した個人どうしがうまくやっていくためには、相手の領域は侵害しないように尊重するという領域行動が必要になるということだ。

そこで、同様な観点から、残りの二つ、つまり「水平的な集団主義」と「垂直的な個人主義」に相応しい行動様式を考えてみよう。

水平的な集団主義は、みんなが平等に暮らす共同体や協同組合のイメージだ。トリアンディスは、イスラエルのギブツを例としてあげた。ギブツとは、農村共同体のことで、土地や農機具を共有し、収穫も公平に分配することが特徴だ。では、そのような集団に相応しい行動様式は何だろうか。それは、様々なものを、みんなで公平に分かち合う（シェアする）ことだろう。そこで、「共有制」と呼ぶことにしよう。

一方の垂直的な個人主義は、個人は自立しているが上下の格差を認める階級社会のイメージだ。トリアンディスは、アメリカの中上流層の価値観を典型としてあげ、他人より「抜きん出たい」という達成志向を垂直的個人主義の特徴とした。なぜ、中上流なのかといえば、おそらく下流社会では、厳しい生存競争の中で互いに助け合って生きていかなければならず、集団主義的になると考えられるからだ。

また、現代の会社組織は、社長から平社員まで垂直的であると同時に、誰でも能力があれば出世できる。さらに、会社を家族のように思う集団主義的な性格は後退し、契約に基づいて労働を提供し報酬を得る合理的な関係を強めている。つまり、垂直的個人主義の組織ということになろう。

では、このような組織に相応しい行動様式は何だろうか。それは、平等に分かち合うのではなく、能力や働きに応じて配分を受けることを当然と考えるものだ。その結果、上下の格差が生じることを容認する。こ

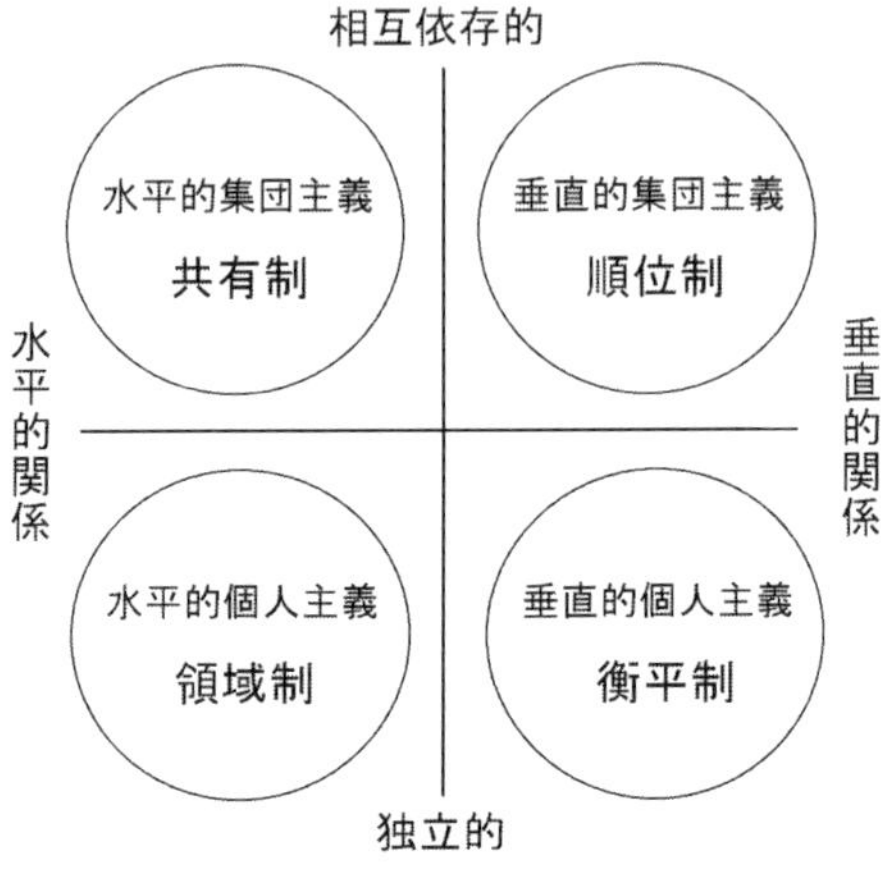

図３－４　集団主義・個人主義に適合する四つの行動様式

のような働きに応じた配分を求めるための行動様式を、「衡平制《こうへい》」（または競争制）と呼ぶことにしよう。

以上に基づいて、図3-4を描くことができる。つまり、私たちの社会を描くためにナワバリ学が提唱することは、順位制と領域制を基本としつつも、これに共有制と衡平制を加えた四つの行動様式である。

夫婦のナワバリが示す新発見

実は、第2章で紹介した夫婦のナワバリには分析の続きがある。それは、夫婦のタイプ分けには、さらに細分類があったことだ。これは、四つの行動様式について重要なヒントを与える分析なので、以下で詳しく紹介しよう。[8]

この調査では、まず被調査者である学生に、各部屋の家具配置やしつらえの決定者を記入してもらった。次に、その記入に基づいて、自分の家族が父主導や母主導等のどのタイプにあたるかを判定し、その上で、その判定結果が、自分の家族のイメージと合致するかどうかを自由作文してもらうという方法をとった。

その自由作文を分析すると、約8割（96例中77例）は、判定結果が妥当だとした。このことは、住まいでのナワバリが、家庭での夫婦の力関係をそのまま表すことを示している。つまり、住まいに自分のナワバリを張れないようでは、子どもの教育や家族旅行など、家庭経営の大きなことで決定権をもつこともできないということだ。

ところが、父主導型に限れば、なんと4割強（16例中7例）は、「父主導型になっていますが、私の父親は物わかりがよい民主的な親です」というように、判定結果は実感に合わないとしたのである。一方、父主導型の残りの約6割は、「確かに父主導です。頑固な父親で一度言い出したら聞く耳をもちません」というように判定に賛同した。

この両者について、同じ父主導型とするのは違和感があった。かといって、各部屋のしつらえの決定者が父親であることは事実であり、前者を民主的とすることも適切ではない。そこで、いろいろと検討した結果、以下の考えから、父主導型の中に「権威的」と「温情的」という二つの細分類を設けることにした。これは日本の家族のあり方を理解するために重要な意味をもつ発見となった。

家族社会学では、家族の力関係を表す際に、社会規範によって支持された「権力」と、規範の有無とは関係なく他者への実際の影響力を示す「勢力」に分けている[9]。これを踏まえると、部屋のしつらえの決定者は、事実としての夫婦の力関係を示しているが、それが権力によるものか、それとも勢力によるものかは問うていない。一方、学生の作文には、父親の態度に関して、権力と勢力の違いを示す様々な感想が示される。そこに細分類が生じた原因があると考えられる。以下、説明しよう。

父主導における権威と温情の2タイプ

まず、「権威的」とされた父親は、その主導権が、家父長の地位という社会規範によって正当化されたタイプと考えられる。つまり「権力」だ。学生の作文では、「権威的で頑固な父親」が描かれる。また、農家等の定着層が圧倒的に多い（19例中15例）ことも、代々続く定着層では、家父長の地位が社会規範として認められやすいことから説明できる。つまり、このタイプは、今日でも家父長制を受け継いでいる、いわば「封建家族」と考えられる。

一方で、「温情的」な父主導型とは、父親が影響力をもつが、それが家父長という社会規範から生じるのではなく、指導力のある温厚な人柄とか生活力などから自然に生じるタイプと解釈できる。7例中5例が核家族サラリーマンで「権威的」とは明確に異なっていた。その場合、父親の権威的態度は後退し、学生の作文には「民主的な父親だと思う」という感想が多く登場する。そこで、物わかりの良いリーダー、愛情あふれる父親という意味で、温情的と呼ぶことにした。

また、母主導型についても同様な細分類がみられた。その一つは、母親の影響力が、ある種の権威によって正当化されているタイプで、ムコ養子の場合が典型だ。学生の作文では、何ごとにも決定権をもつ母親と、おとなしい父親が描かれる。これを「母系的」と呼ぶ。もう一つは、父親がサラリーマンのため、家のことは母親に任せきりになるタイプだ。数はこちらが圧倒的に多く、現代の最も一般的な家族像といえる。母親の愛情で結びつく温情家族といえるが、父親の存在感が薄いことから、少々皮肉を込めて「片親的」と呼ぶことにした。

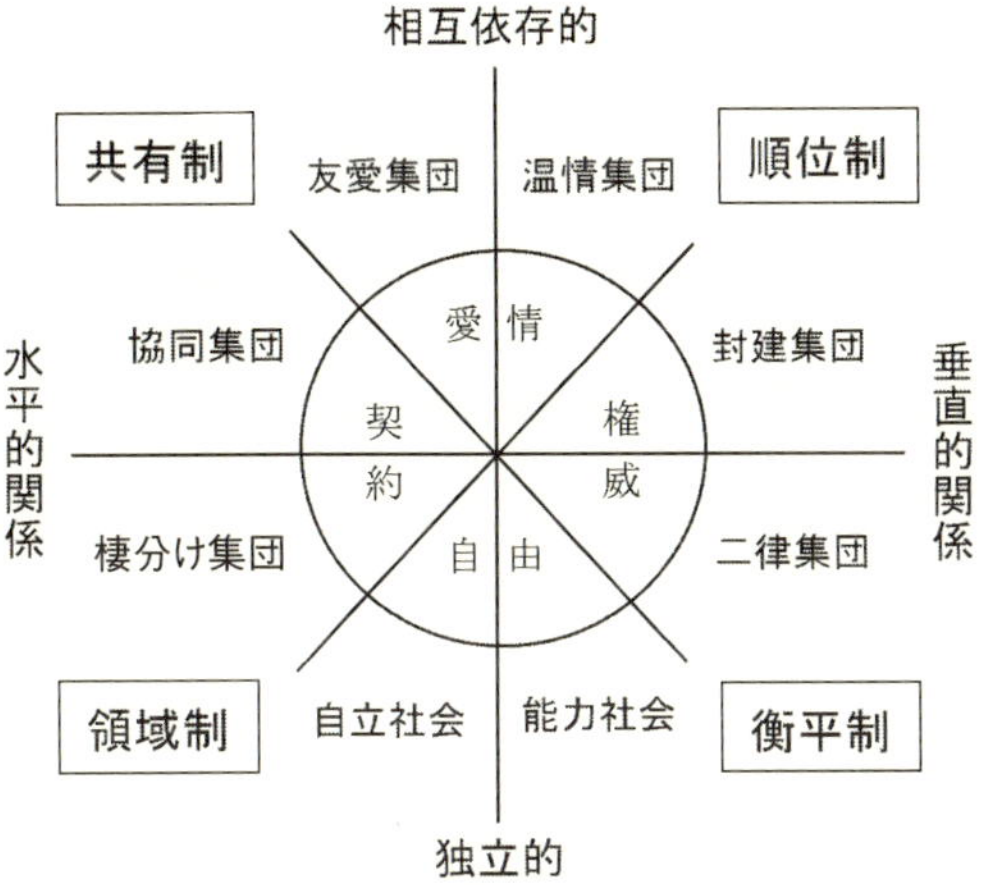

図3－5　四つの行動様式と八つの集団タイプ

さて、父主導型や母主導型は、順位制の性格をもつ家族の典型だ。しかし、以上の結果は、その順位が、権威によって裏づけられるタイプと、人柄や愛情などによって自然に生じるタイプがあることを示している。そして、前者は、上からの権力と下からの服従によって特徴づけられる。つまり「封建家族」だ。一方、後者の愛情による順位制は、上からの温情と下からの依存や甘えによって特徴づけられる。つまり、「温情家族」といえる。

以上のように、順位制をとる集団には、さらに二つのタイプがある。同様に、共有制、領域制、衡平制においても細分類があり、ナワバリ学の観点から、合計して八つの集団タイプが提案できる（図3-5）。

次に、図3-5の四つの行動様式と八つの集団タイプについてみていこう。

四つの行動様式と八つの集団タイプ

①順位制／封建集団と温情集団

順位制の行動様式をとる集団は、一つは、権威によって順位が正当化されている「封建集団[10]」であり、その典型は、家父長制家族だ。もう一つは、温情と依存の関係によって順位が生じる「温情集団」だ。いわゆるマイホーム主義の家族は後者の典型だろう。

②共有制／友愛集団と協同集団

共有制をとる集団は、一つは、互いに平等な個人が愛情によって結びつくタイプだ。たとえば、友人どうしの緊密な助け合いに基づく集団だ。これを「友愛集団」と呼ぶ。子どもが自立し、親子が友だちのように振る舞う「友だち家族」は、この例といえる。

もう一つのタイプは、協同組合のような集団だ。つまり、互いに協力して生き抜くために組合や共同体をつくって資源を共有し、そして、公平な配分によって結束を保つようなタイプだ。対等の個人どうしが協力するためには、明示または暗黙による何らかのルールをもつが、これを「協同集団」と呼ぶ。前述したイスラエルのキブツや生活協同組合が、これにあたる。

③領域制／棲分け集団と自立社会

図の下半分は、個人主義に近いものであり、集団といっても結束はゆるいものとなる。このため、集団ではなく社会と呼ぶほうが相応しい場合が多い。とくに、最下段の二つは、典型的な個人主義で互いの関係が乏しく、社会と名づけることにする。

まず、領域制をとる集団では、互いに相手の領域を尊重することで生活の安定をはかる。しかし、どのように自分の領域を獲得し、それを守るかについては二つのタイプがある。一つは、互いに約束を交わして棲み分けるタイプ、もう一つは、個人がそれぞれ自立しているタイプだ。

前者は、「棲分け集団」と名づける。たとえば、互いの商売を邪魔しないように協定を結んで共存共栄をはかろうとする昔の商人社会は、棲分け集団の典型だ。また、現在の国際社会は、戦争さえなければ、各国が領土を尊重して棲み分けることで成立しており、このタイプといえる。さらに、親子が隣居する二世帯住宅は、両者に暮らし方についての暗黙のルールがあることが一般的で、典型的な棲分け家族にあたる。

一方、後者は、「自立社会」と名づける。各人が相互に依存することなく、自由に暮らす社会のことだ。たとえば、住宅は人間のナワバリの典型だが、現代では、各世帯が個別に住宅を購入または賃借りし、互いにほとんど依存関係はない。また、成長した子どもが結婚して別住居を構えれば、親子世帯の関係は自立社会ということになろう。

④衡平制／二律集団と能力社会

働きに応じた配分、つまり衡平制（競争制）をとる社会は、一つは、配分の高低を決める権威が存在するタイプだ。その権威者からの褒美、あるいは権威者への尊敬を絆として、独立した個人が結びつく。この場合、個人の自律と、権威による他律を認めるという二重規範をもつ集団となり、これを「二律集団」と呼ぶ。たとえば、昔の戦国武将は、主君という権威の下に独立した武将が参集する形態であり、いわば二律集団だ。武将どうしは平等であり、戦での褒美の多寡を決めるのは主君だ。また、現代の会社組織の多くも、ここに該当する。さらに、封建家族が近代化とともに個人を尊重する方向に変化すると、親の権威と個人の自立の二重規範を求めるようになり、典型的な二律家族が表れる。また、権威者は人間とは限らない。神の下に自立した個人が結びつく集団も、ここに含まれよう。

もう一つのタイプは、個人の能力・特性によって報酬に差が生じるとする社会だ。弱肉強食の性格をもち、上下の格差が生じるのは当然とする。これを「能力社会」と呼ぶ。たとえば、順位が明確に決まるスポーツ競技に参加する個人どうしの関係は、能力社会の典型といえる。また、営業成績に応じた歩合給をとる会社組織は、誰もが社内で競争し、仲間を出し抜こうとする。つまり、垂直的な個人主義をとる能力社会の一種といえる。一方、家族関係では、能力社会の性格が表れることは少ないが、同族会社の後継ぎをめぐる骨肉の争いの場面では、このような競争の性格が表れることがあろう。

ナワバリ学からみた日本の家族

以上の八つの集団タイプを用いて、日本の家族のあり方を説明してみよう。

日本の家族は、封建家族、温情家族、友愛家族の三つが混ざりあっていると考えられる。まず、家父長制を典型とする「封建家族」は、夫婦のナワバリで示した権威的な父主導型として根強く残る。そこでの生活をみると、礼儀や作法などの上下の規律が厳しく、また女や子どもの立場は弱い。

これに対して、「温情家族」は、母主導型を典型とする。その特徴は、親からの愛情と子どもによる甘えや依存の関係にある。このため、封建家族のような上下の規律の厳しさは薄れる。とりわけ、子どもが小中学生までは、温情家族の特徴をよく示す。

子どもが思春期を過ぎると、親子のナワバリで示したように、子どもが親と対等の意見を言うようになり

「自立」の傾向を強める。しかし、残念なことに、日本では父親の存在感が乏しく、親の権威は弱い。つまり、母親と子どもの関係を中心に、子どもの成長とともに水平的になるというのが、一般的な日本の家族だ。このような状態は、片親的な「友愛家族」といえる。子どもが高校生以上で、親子とくに母子が友だちのように振る舞う家族は、この典型といえる。つまり、温情家族から友愛家族への発展が、日本の家族を説明するキーワードだ（トピックス2）。

トピックス2　日本の家族の意識調査

朝日新聞社が、2009年に実施した家族の定期意識調査（図3−6）[12]の中に、「あなたが理想とする家族は、どのようなかたちですか」という質問がある。

1位は、「みんな対等で仲がよい友だち家族」だ。これは、「友愛家族」に相当するが、その比率は想像以上に高い。おそらく、子どもが中高校生以上を想像して回答された方が多かったのではないだろうか。

2位は、「父親が家族を引っ張る父親中心家族」だ。その一方で、「母親が家族を引っ張る母親中心家族」は1割強にすぎない。実態としては母主導型が多数派だが、理想は、夫や父親がリーダーとなる家族を求めている。父親の役割が薄れている現状への警告といえる。最後は、「みんな自由で気ままな自由家族」で、個人主義の家族ということになろう。

また、「家族の結びつきは、どの程度重要だと思いますか」という質問には、大いに重要と、ある程度重要を合わせると97％であった。家族の結びつきを重視する集団主義の意識は

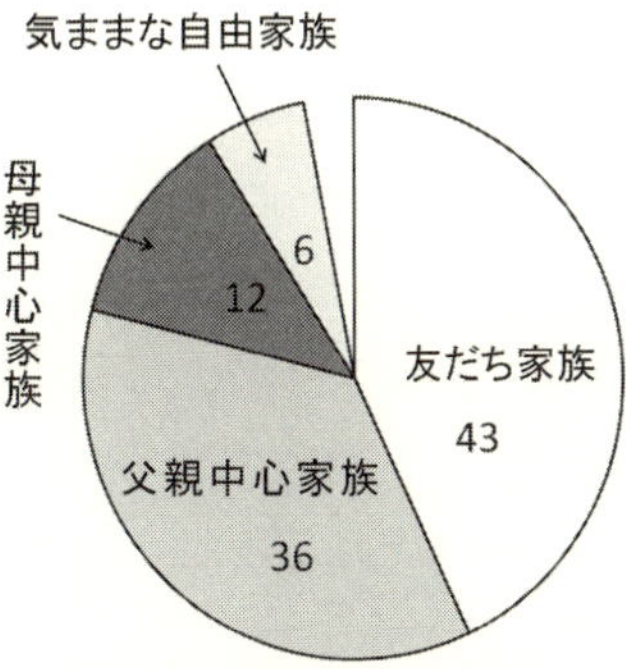

図3−6　理想とする家族（朝日新聞調査，2009年12月27日号掲載データより作図）

昔も今も健在のようだ。

これまで本書では、個室のある住居は、理念的にはナワバリ制に対応すると説明してきた。この場合、純粋なナワバリ制は、集団タイプでいえば「棲分け集団」や「自立社会」を指す。つまり、水平的個人主義の集団だ。しかし、家族は、扶養関係がある集団であり、純粋な個人主義にはなりにくい。このため、私たちが、平等的だとイメージしてきた家族は、日本では、おもに友愛家族を指すと考えてよい。

アメリカは協同を理念とした二律家族

このことは、アメリカ中流家庭においても同様だろう。つまり、家族の扶養関係は明確であり、そこに純粋な個人主義は成立しにくい。おそらく、家族それぞれの家事参加を大切にしている事実や、夫婦でも契約を交わすことがあるように、水平的集団主義に相当する「協同家族」を求めているとみるべきだろう。

しかし、親子関係においては、子どもに対する親の権威は日本に比べて強いことが知られている。[11] このことを踏まえると、協同家族の理念をもちつつも、親子は、そこに至る教育過程にあるとする意識が確立しているようだ。その結果、子どもが幼児の頃から自立するよう促そうとする一方で、親の権威を重視する。つまり、典型的な「二律家族」が現れる。いわば、協同を理念とした過渡的な二律家族が、アメリカの家族を読み解くキーワードだと想像できる。そして、このような自律と他律の二面性は、子ども部屋という個人の場と、居間という家族の場の両方をもつ空間構成とよく一致している。

日本の温情家族が、庇護と甘えという母性のイメージをもつならば、アメリカの二律家族は、権威と自立という父性のイメージがあるといってもよかろう。

一方、棲分け家族や自立家族は、子どもが就職するなど独立した以後になって現れる。日米とも、一般的には、子どもが別住居を構えて棲み分けるため、同居家族の特性としてそれが観察されることは少ない。そのなかで、もし棲分け家族や自立家族が存在するとすれば、台所を別にした二世帯住宅のように、各人のナワバリが独立し、集団生活は好きなときに選択して行うことができる場合、つまり集団生活を必須としない場合だろう。

日本は家族集団主義とするのは正しいか

さて、当初の問いに戻ろう。日本を「家族集団主義」とする見解は誤りなのだろうか。答えは、半分は正しいが、半分は誤りということだ。

日本の多数派は、封建家族から温情家族を経て、子どもの成長とともに母子による友愛家族へと変化しているが、これらは、いずれも集団主義の範囲を動いている。この点で、家族集団主義と呼んだことは正しい。しかし、この言葉を、アメリカとの対比で用いたとすれば誤りだ。アメリカ中流家庭は、夫婦からみた協同性と、親子からみた二律性によって特徴づけられると推測されるが、これらは、典型的な個人主義にあたる能力社会や自立社会とは異なり、やはり集団主義の性格を帯びるからだ。

このため、「家族の結びつきを重視しますか」という質問を日米ですれば、両国とも、重視するという回答が多数を占める。そこに違いはない。

しかし、親子関係に着目すると、温情家族と二律家族の違いが表れる。たとえば、子どもからみて、温情家族では、「困ったときに親に助けを求める」「子どもが親に甘えることにも良い面がある」という意識に結びつく。アメリカ中流家庭でこの質問をすれば、否定的な意見が多くなるだろう。一方、協同を目標とする二律家族では、「子どもは小さい頃から一人前として扱う」「子どもは家事について親と同じ仕事をこなすべきだ」という意識と結びつく。日本でこの質問をすれば、幼児の段階では積極的な賛同は少ないだろう。

しかも、重要なことは、親の権威という点ではアメリカの二律家族のほうが強くなることだ。たとえば、「親の指示に黙って従うか」という調査をすれば、今度は、むしろアメリカのほうが「従う」が多くなる。[11]このことをみて、アメリカのほうが集団主義的だと勘違いしてはいけない。封建家族から温情家族へと転化した日本に対して、アメリカとの対比で、二律家族の特徴が表れているということだ。

したがって、アメリカとの対比で、日本の家族を呼ぶとすれば、集団主義ではなく「家族温情主義」と呼ぶことが適切だろう。

温情家族における甘えの行動様式

ところで、日本の温情家族の特徴である庇護と甘えに基づく順位行動とは、どのような行動だろうか。たとえば、父親が愛情をもって子どもの頭を軽くたたいたり、スキンシップをしたりする行動があげられる。また、母親が子どもを心配して世話する行動も、その一例になろう。逆に目下側からは、親に甘えてオネダリする娘がとる行動が思い浮かぶ。そこでは、態度や表情などによる甘えの表現が大きな比重を占めている。それをオーバーに表現したのが、メイド喫茶でのメイドの態度だ。そこには、目下が目上に対してとる甘えの行動の典型をみることができる。これらの行動は、対等な人間どうしでは行われない。つまり、上下の序列、言い換えれば順位関係を確認する行動の一種だ。

ところで、このようなスキンシップや態度などによる意思表現は、封建家族における礼儀や作法とともに、

「非言語コミュニケーション」と呼ばれる。これは、言葉によらない意思伝達の方法という意味だ。様々な順位行動の特徴は、このような非言語の役割が大きいことにある。たとえば、「ご主人様」という言葉が同じでも、封建集団での家来の態度と、メイド喫茶での態度は大きく異なる。それが、非言語がもつ役割の大きさなのである。

これに対して、アメリカの家族では、互いに言葉で意思を表明することが重視される。これは、個室での生活を重視し、その一方で家事参加を求めるために、暗黙のルールではなく、言葉を交わして協同することが必要だからだ。つまり、言語によるコミュニケーションが重視される。先に日本に比べて欧米の親子は会話を交わす努力をしている、という事実を紹介したが（第2章3）、このような行動様式の反映といえるだろう。

もちろん、今日の日本でも、子どもの早期の自立を目指すような、いわば欧米的な人々も増えている。しかし、依然として多数派は、温情家族のあり方に慣れ親しみ、家族で意見交換するよりは、場の空気を読んだり、庇護と甘えの愛情表現を心地よいと感じたりすることを大切にしている。このことは、共働きの場合も同様だ。子どもを保育所に迎えに行った後は、親子で川の字になったり、あるいは母子の添い寝をしたりする暮らし方を大切にしているのである。

あるアメリカ人のエピソード

そして、このような日米の家族における行動様式の違いは、成人後の行動にも影響しているはずだ。たとえば、アメリカでは、大学生が教授をファーストネームで呼ぶが、日本人には考えにくい。学生が、もし私を「ハーイ、秀樹」と呼んだら、やはり違和感がある。その違和感は、集団主義か個人主義かではなく、順位制に慣れ親しんでいるか否か、という違いに対する違和感なのである。

また、アメリカで育った人々は、住まいにおいても、自分の意見を表明する行動をとりやすい。これを示す面白いエピソードがあったので紹介しよう。

東京の台東区で調査していたときのことだ。アメリカ人が日本人女性と結婚し、そしてムコとして奥さんの祖父母と同居していた家族に出会った。一般に、娘夫婦との同居の場合は、祖父母が健在のうちは、ムコが家のことに口を出すことはほとんどない。しかし、そのアメリカ人は、ムコでありながら「居間のしつらえによく口を出す」というのだ。その家の主導権は祖母にあったが、苦笑しながらも、それを歓迎している様子であった。「ムコがよく意見を言ってくれるの……」。その様子が、アメリカの水平的な家族意識を示していて興味深かったのである。日本人のムコの場合は、そのような例に出会ったことがなかったからだ。

この経験は印象に強く残った。家族における行動様式には、日本人とアメリカ人には違いがあると実感した次第だ。

ナワバリ学からみた日本人論

これまでの議論をまとめよう。日本の行動様式の特徴は、順位制にある。これは、集団生活において上下関係に基づく作法を重視したり、あるいは甘えを容認したりする行動様式のことだ。

具体的には、目上と目下、リーダーと部下、親と子などの関係を認識し、暗黙のうちに行動することだ。たとえば、目下の者は、目上の者に対して敬語を使うことはもとより、その行動に配慮する。昔のように風呂に入る順番へのこだわりは薄れたが、それでも、食事テーブルの席は空けておくなどの配慮は健在だ。また、社会においても、上座と下座などの配慮や礼儀の作法は根強く残っている。

一方で、上の者は、目下を庇護し、ときには甘えさせ、そして気兼ねしなくてよいと伝えて気遣う。つまり、いちいち意見交換しないのである。それが、順位行動の特徴だ。

しかし、作法や暗黙のルールが適用される集団の範囲は狭い。このため、仲間内では、居心地よく行動できるが、しかし、その集団を一歩外れると、どのような態度をとってよいか分からずとまどう。その結果、人付き合いが悪いようにみえることもある。

これに対して、自立と協同を求めるアメリカの中流家庭では、小さいときから言語コミュニケーションの力が育まれる。このため、家族という集団を離れたとしても、無理なく能力社会や個人主義に移行できる。その代わりに、敬語や順位行動には無頓着だ。

トリアンディスは、アメリカ社会を垂直的個人主義とした。おそらく、宗教や人種が雑多であること、および、一部の勝ち組による格差社会のイメージが、垂直的個人主義という認識につながったものと思われる。また、家庭における二律家族の性格は、社長という権威の下で自立した個人が能力を競いあうアメリカの会社組織に適合している。このことも、垂直的個人主義という認識を支持している。

しかし、推測にすぎないが、夫婦の協同性を踏まえると、アメリカ中流家庭の価値観には、水平的関係の重視があるのではないだろうか。2008年にアメリカ発の大きな経済変動があったが、いずれ、協同組合や助け合い活動に共感する傾向が強まるかもしれない。

一方、日本社会を垂直的集団主義だとする指摘は、日本の多くの家庭において、順位制に基づく行動様式が根強いことと一致する。では、その根強さを支えるものは何だろうか。

3　床上文化がもたらす家族温情主義

日本語と床上文化

封建家族から温情家族へと変わりつつも、順位行動が根強く維持されている理由を考えてみよう。一つは、従来から指摘されているように、日本語に刷り込まれた文化であろう。日本語には、タテ関係を表す言葉が多い。兄と弟、姉と妹というように、上下関係を示す言葉が豊富だ。英語では、ブラザーという言葉しかなく、兄弟を区別するには、若いブラザー、年上のブラザーとしなければならない。しかるに、日本語では、兄弟を表す言葉そのものが違う。この他にも、目上に対する敬語が発達している。最近の若者は敬語の使い方を知らないという嘆きはあるが、それでも、会社に入れば敬語の使い方を教育される。社会に深く根づいていることは間違いがない。

このように、日本語においてタテ関係を示すエピソードは多い。このことが、家族のあり方にも影響していると想像できる。しかし、言語だけでは、その根強さを説明できないことも事実だ。たとえば、言葉が未発達な幼児に対しては、その影響は限定的だ。また、子どもが成長しても親子の会話が乏しければ、言語の影響は小さい。そこで注目されるのが、「床上文化《ゆかうえ》」の影響である。

床上文化とは、靴を脱いで床上にあがる生活様式が生み出す住文化のことだ。日本人は、居酒屋で靴を脱いでも気にしないし、床に直接座ることも多い。これらは、床上文化の特徴だ。実は、戦前から戦後、そして、今日に至るまで住宅は大きく変わったが、その中でまったく変わらないのが、玄関で靴を脱いで床上にあがる生活様式だ。ホテルでは、ベッドのすぐ脇まで靴で入ることが一般的であり、それを経験した日本人が大多数であるにもかかわらず、床上文化は変化する兆しがみえない。これは、驚くべきことだ。

床上文化の根強さ

1970年代、私が建築学科の学生の頃、靴を玄関で脱ぐ生活様式が定着している理由を次のように聞いた。それは、日本では、道路が舗装されておらず、しかも雨が多いため、下足のまま家に入ることが不衛生という理由だ。これに対して、欧米では、道は石畳であり、また雨も少ないため、靴のまま家の中に入っても問題はない。つまり、欧米が進んでおり、日本は後れているという当時の一般的風潮に基づいた理由づけであった。

しかし、今日、道路の舗装は進み、靴が汚れることも少ない。しかも、オフィスや大学などでは、すっかり、靴を履いたままの暮らしが定着している。それでもなお、住まいにおいて靴を脱ぐ生活様式は健在だ。それほど、強固に根づいた住まい方なのである。

ただし、床上の暮らしが日本の伝統だと早とちりしてはいけない。東北の農村部では、昭和初期まで土座暮らしが残っていた。土座暮らしとは、土間にワラを敷いて暮らす貧しい住まい方だ。江戸時代にさかのぼれば、床上での暮らしは、農家でいえば庄屋のような地主層のものであった。都市部でも、庶民の長屋は床上化されていたものの、やはり最下層の人々の住まいは、粗末な土座の小屋であった。

しかし、明治以降、武家や庄屋階層における家父長制の家族規範が明治憲法のモデルとなり、これら階層の住まいと暮らしが日本の大勢になっていった（第7章参照）。つまり、明治以降の日本に限れば、床上文化を日本の特徴といってよいのである。

そして、このような床上文化は、明治時代から今日まで変化する兆しはみえない。その強固な床上文化は、住まい全体が「ウチ」という意識を強める。このことが、一人ひとりのプライバシーの確保よりは、集団の一体感を重視する住まい方を育みやすいと考えられる。以下、詳しくみてみよう。

家全体がベッドの上のようなもの

日本の住まいにおいて、ウチとソトの境界は、どこにあるのだろうか。明らかに玄関だろう。つまり、私たちは、靴を履いて「ソト」に出るところから、外部社会に出たと身構えるのである。その代わりに、家の中はすべて「ウチ」の空間だ。たとえば、日本では、個室に鍵を掛けるという発想は乏しい。また、家の中では化粧を落とすし、身支度を整えるのも玄関から外に出るときだ。さらに、お父さんが下着姿で家の中を歩き回るのも、家の中は「ウチ」という意識の表れだろう。また、子どもを叱るときに「家を出ていけ」という日本の特徴は、このような意識の表れとみることができる。

これに対して、欧米の中上流の住まいでは、一般に、靴を脱ぐのは個室に入ったときだ。このため、ウチとソトの境界は、玄関だけではなく個室の出入口にもある。個室に鍵があることが多いし、さらに、個室からソトに出るときに靴を履き、身支度を整えることも多い。また、トイレやシャワーも家の中に複数あることが多いから、風呂上がりに家族の前を通るということも少ない。

欧米人は、人前で靴を脱ぐのは、下着姿になるのと同じような意識になるという。たとえば、欧米から知人が来日して、居酒屋で靴を脱ぐように言われるとドキリとするそうだ。また、日本の公共アパートでは、外国人が入居する例が増えている。そこでの管理者の悩みは、畳の部屋に平気で靴のまま入るため、畳がすり切れ、汚れ、退去時に修繕費用が高くなることだという。やはり、依然として、両者の住まい方には明確な違いが存在する。

このような違いを踏まえると、日本の床上とは、欧米人からすれば下着姿であがる個室のベッドの上に相当することになる。比喩的にいえば、日本の住まいは、家全体がベッドの上のようなものだ。このように考えると、日本人の住意識において、家の中はひとつながりの空間だと認識しやすいことを理解できるだろう。すなわち、靴を脱いで床上にあがることは、そこに住む家族にとって家全体を「ウチ」として認識させる。このため、一人ひとりのプライバシーよりも、ウチに属する家族のまとまりを重視し、順位行動によって円満に暮らそうとする態度を育みやすいのである。

アパートの文化史が示す床上文化と共同生活

実は、床上文化が、集団の一体感を育みやすいことを直接証明することは難しい。日本では、ほぼ全員が玄関で靴を脱いでおり、靴を脱がない生活様式との比較ができないからだ。しかし、傍証をあげることはできる。

その一つは、アパートの歴史にある。明治末から大正時代にかけて、都市に集まってくる中上流の単身者の住まいとして人気だったのは、高等下宿やホテルでの長期滞在だ。その頃の高等下宿やホテルは、建物の入口で靴を脱ぎ床上にあがった。しかも、都市にレストランがない時代だ。共用食堂で食事を提供することが普通であった。そこでの暮らしは、共同生活を重視したもので、しかも長期滞在している年長者などがその場をうまく仕切った。

たとえば、大正時代の東京本郷に「菊富士ホテル」があった。ホテルと名が付いているが長期滞在が普通で、谷崎潤一郎はじめ有名な文人や政治家が多く住んだ。その暮らしを描いた書籍に次の描写がある。[13]「このころの菊富士ホテルの名物は、夜中の雑炊パーティであった。その中心は、およそ十四、五年もこのホテルにいる最古参の客、木下好太郎であった。彼は右翼で…」。つまり、自然とリーダーが生まれ、共同生活を楽しむ様子が描かれている。もちろん、建物玄関で靴を脱ぐ暮らしであった。

その後、昭和初期になると、新しく木造アパートが登場する。その最大の特徴は、建物入口では靴を脱がず、各住戸まで靴で入る形式への変化であった。それとほぼ同時期に、都市内にレストランなどの食堂が発達し、建物内の共用食堂は衰退していく。このような木造アパートは、個人のプライバシーが守られる住まいとして人気を博した[14]。

戦後においても、社員寮など食事を一緒にとる住まいでは、建物入口で靴を脱ぐ。一方、各戸の独立性を重視する住まいでは、各戸まで靴で入る形式をとることが定着した。

以上の歴史は、建物入口で靴を脱ぐかどうかが、居住者の集団意識と密接に関わることを示している。つまり、日本では、靴を脱ぐ場所が心理上のウチとソトの境界になっている。靴を脱いだ後は、そこに住む人々は仲間であり、共同生活を重視するとともに、自然に順位行動を身につけるという暗黙の了解があるといえる。

床上文化と親の養育態度

床上文化は、親の養育態度にも影響を与えている。

日本では、母親が子どもに添い寝する習慣が強いが（第2章）、このような養育態度は、床上文化によって支えられていると考えられる。直接的には、床に布団を敷いて寝る形式が、このような養育態度を容易にしている。

ベッドの場合は、その上で川の字に寝たり、あるいは母親が添い寝をしたりすることは、下手をすると子どもを窒息させる危険がある。このため、避けるべき住まい方だ。しかし、布団であれば、布団の距離を適当にあけることができ、安全でちょうどよい寝方を選択できる。さらに、母親と子どもが一緒に寝て、父親が別室で寝るという住まい方も、布団であれば無理なく選択できる。

注目すべきことは、今日のように洋風化、ベッド化が進んでいる時代においても、若夫婦の約半数は、布団での暮らしを選択していることだ[15]。また、ベッドの場合も、子どもは動かしやすいベビーベッドにして、親のベッドと並べて同室で寝ている。

このように、日本では、床上文化を背景として、母親による添い寝の習慣が根強い。このことは、母と子の一体感を育み、家族は温情集団としての性格を強めるだろう。

親の養育態度は、時代とともに変化するし、社会階層や住環境でも変わる。しかし、日本では半世紀もの間、ほとんど変わっていないとすれば、その背景には、時代変化を受けなかった強固な理由が存在しなければならない。その理由が、床上文化にあるというのが、私の一貫した認識である。

このような床上文化の影響によって、日本では、家父長制を否定した後も、順位行動を重視する住まい方が根強く残っているのである。

4　家族温情主義のゆくえ

両方のいいとこ取りをする

さて、日本における家族温情主義は、これからどうなるのであろうか。

繰り返し述べたように、温情家族もその他の家族も優劣があるわけではない。それぞれの社会に適合した選択肢ということだ。しかし、もし私が子育てをするならば、何を目標にするかと聞かれたら、次のように答えるだろう。それは、順位制に基づく気遣いの行動様式を身につけつつ、同時に、意見交換して合意を導くような水平的個人主義を生きる力を身につけることだ、と。そのような両方の「いいとこ取り」をすることは、十分に可能だと考えている。その理由を説明しよう。

近年の日本人論における誤解

近年、日本では能力主義を賛美する風潮がみられた。小泉構造改革と呼ばれた時代が、その典型だろう。具体的には、企業では、収益のうち労働者への賃金に支払われる比率が減り、その一方で、株の配当や役員報酬があがり人々の所得格差が拡大した。勝ち組、負け組という言葉も流行り、総じて、垂直的個人主義である「能力社会」の性格を強めたといえる。

その評価は二つに分かれるだろう。一つは、人心の荒廃を招いたという懸念から否定する立場だ。確かに多くの人々にとって、いきなり競争重視の個人主義になれと言われても、最も苦手の領域で勝負しろと言われるようなものだ。しかも、従来身につけた個人のスタンドプレーの忌避や、会社仲間の重視といった価値観とのズレを感じてとまどう。

このような否定的立場からは、日本の経済停滞には、競争重視ではなく、助け合い重視で望む戦略があったとする。たとえば、派遣労働の拡大よりは、全体の賃金を分かち合うワークシェアリングを選択する道があった。また、経営者や株主に富が集中するようにした一連の制度改革を見直し、その代わりに、ＮＰＯ（民間非営利組織）等の活動を拡大すれば、助け合い精神がもっと発揮されたはずだ。このように集団主義に相応しい選択を行いつつ、国力を維持する方法はあったとする。

しかし、その逆の評価もある。それは、国際競争にさらされている時代にあっては、能力主義、競争重視の傾向を強めることは必須とし、能力社会を肯定的に評価する立場だ。さらに、異文化の人々と協力していくためには、垂直的集団主義は邪魔になることがあるとする。というのは、迅速な国際協力に必要なことは、暗黙の行動ルールではなく、明示的な意見交換力だからである。このため、個人の自立を促すべきだという主張だ。

さて、以上の二つは、互いに反対の主張なのだろうか。

確かに、集団主義と個人主義からは、反対の主張にみえる。前者は集団主義に共感し、後者は、個人主義に共感するからだ。しかし、垂直と水平という見方をすれば、両者の意見とも「水平」を目指して同じことを言っていることに気がつく。

前者のような能力社会を否定する意見は、格差を否定し平等性を重視した水平的関係への転換を主張するものだ。その念頭にある目標は、協同集団を中心としつつ友愛や棲分集団のあり方だろう。一方、後者の国際化の観点から垂直的集団主義を否定する意見は、意見交換力を高めつつ協同、棲み分け、自立社会への転換を重視している。つまり、両方の意見とも、垂直から水平への転換を主張しているのである。

順位行動と意見交換力の両立

さて、住まいから日本人論に飛んでしまったが、家庭の環境は、それほど重要だということの例示としてお許しいただきたい。

私は、以上のような水平的関係を重視する意見に賛同する。しかし、同時に、順位行動や非言語コミュニケーションの良さも大切にしたいと考えている。つまり、理想は、小さな集団においては気遣い、礼儀正しさ、作法、といった順位行動を駆使することができ、そして、広い社会においては、意見交換しつつ協力関係を築くような行動様式を身につけることだ。

前述した八つの集団タイプは、同じ人でも、その人がおかれた場面によって変わるものである。たとえば、温情集団に親しむ人も、歩合制の会社に勤めれば能力社会に適した態度を身につける。そして、地域でボランティア活動に従事すれば、協同集団の価値観を身につけるだろう。つまり、人々は、様々な場面に応じて行動様式を使い分けている。このような観点にたてば、順位行動の良さと意見交換の力の両方をもち、それを場面に応じて使い分けることは十分に可能ではないだろうか。

私は、大学教員としての経験から、高等教育の場で、互いに議論しつつ合意を導くような力を育むことは可能だと考えるようになった。実際、講義やゼミで、ディベート形式などを積極的に取り入れることで、学生の言語による意見交換力は伸びることを実感した。ところが、気遣いや作法を教育することは容易ではない。それらは、学生が生活の中で自然に学ぶしかない。

このため、順位行動と意見交換力を両立させるための早道は、家庭あるいは運動部のような場での集団生活の体験と、意見交換の力を育む高等教育との組み合わせではと考えるようになった。それによって、先に述べた両者の「いいとこ取り」ができるのである。

家庭の力を維持するために

順位行動は、襖を開けるとひとつながりになるような開放的な住まいにおいて発達しやすい。このような音が筒抜けの空間では、気配を読む力、相手への気遣い、上下関係に基づく礼儀や作法、庇護と甘えの序列を確認する愛情表現、などが発達しないと円滑に暮らせないからだ。また、テレビが居間に1台しかなければ、チャンネル争いを通じて、円滑に暮らすには順位行動が大切であることを自然に理解するだろう。

しかし、現代のように、個室で構成された間取りが普通になったり、個室にテレビを持ち込んだりすると、家庭において順位行動を育む力は衰退せざるをえない。やはり、床上文化であったとしても、個室化の影響は無視できないからだ。このような現状の中で、家庭の力を維持するためには、次の二つの条件が必要になる。

一つの条件は、子どもの成長段階に応じて変化させていく従来の養育態度を大切にすることだ。日本の親は、子どもが小さいときに甘やかすといわれる。しかし、ある程度の甘えの関係がなければ、順位制集団は、サルのボス争いと同じく、あるいは軍隊の集団生活と同じく、ギスギスしたものになる。今日の順位制とは、封建家族のそれではない。子どもが幼児の段階では温情家族のそれだ。このため、ある程度の甘え関係は家族の絆を強めるためにプラスに働くだろう。もちろん、甘え関係が許されるのは思春期の前までだ。それ以降は、子どもが自立して水平的な関係へと変化させていくことが必要だ。

これにより、温情家族から友愛家族へと成長していくことになる。そのような日本の知恵と養育態度を前向きに評価したい。

居間に三人以上いることの大切さ――父親の役割

そして、もう一つの条件は、子どもが小中学生のときに家族が集まる場所の重視だ。この時期に、居間や食事室において自然に順位行動を身につけることができれば、思春期以降に個室生活が中心になっても、集団生活をうまく営むための基礎ができる。

しかし、問題は、家族人数が少なくなっていることだ。順位行動は、三人以上いる集団においてスムーズに発達しやすい。というのは、三人いれば、中間の一人は、目上と目下への行動を使い分けることになるからだ。たとえば、長男は、親への態度と弟への態度の二つを使い分ける。弟は、本人がその当人でなくても、長男の行動を身近でみて学ぶことができる。さらに、目上に対する接し方が、二人によって演じられる。このため、一人の独善に陥ることもない。

しかし、子どもの人数が少なくなると、そのような場面が減る。とくに、父親が不在であると、母子二人の関係になってしまう。二人では、上か下かの片方の立場しか演じられない。しかも、その順位行動が母子の特別なものか、それとも他者にも通用する普遍性をもつものかを判断できない。

ときどき、友だち家族のあかしだとして、娘が母親を呼び捨てにしたり、チャンづけで呼んだりする例がみられる。しかし、それは望ましいことではない。友だち家族とは、温情家族の発展として表れるものだ。そして、温情とは、親子の序列を勘違いさせることではない。庇護と依存という序列を愛情で包み込むことだ。このときに、子どもに親を庇護者として感謝する気持ちが身についていれば、その後の友だち家族においても、感謝や礼儀は自然に表れる。親を呼び捨てにすることは、仲の良い友だち家族のあかしではなく、順位行動を身につけることに失敗したことのあかしなのである。

子どもの人数が減っている現在、三人以上になるために重要なことは父親の存在だ。とくに、母親への態度と父親への態度は異なるから、父親がいれば柔軟性のある順位行動を学ぶことができる。父母が協力して子育てに取り組めば、現在の家庭は、気遣いや礼儀という順位行動を育む場として、これからも重要な役割を果たし続けるだろう。

その上で、学校教育の場では、意見交換して協力関係を築くような力を育む。そのためにディベート形式の講義などを積極的に取り入れていくことが必要であると考えている。

多世代によるコレクティブハウス

とはいえ、今日、一人っ子が増えており、さらに離婚などで片親も増えている。そのような社会状況では、居間に三人以上そろうことは困難なことも多い。

これを解決するために、複数家族での共同生活を重視した住まいが注目されている。それが、コレクティブハウスだ。コレクティブハウスは、共用の居間や食堂をもつ共同住宅のことだ。昔の寮や下宿と異なるのは、各住宅には、台所から風呂まですべて整っており、各世帯のプライバシーは確保されていることだ。それに加えて、共用の居間や食堂をもっていることが特徴だ。

夕食をみんなで一緒にとれば、そこには多様な人々がおり、柔軟な順位行動が自然に身につくだろう。つまり、現代の少子高齢化や離婚の増加などを受けて、互いに協力することで子育て環境の質を高めようとする住まいといえる。

集団特性の8タイプでみると、コレクティブハウスが求めていることは、協同家族のあり方だろう。つまり、大きな家族だ。実際、コレクティブハウスでは、夫婦も親子も一人ひとりが食事づくりなどの住まいの活動に平等に参加することを目標としている。

日本では、東京日暮里あるコレクティブハウスかんかん森が有名だ。２００３年に完成した28戸からなる賃貸住宅である。一方、北米では、コウハウジングと呼ばれ数十の事例がある（図3‑7）。日本とは違い持ち家であることが特徴だ。持ち家のほうが、空き家になったときの募集を他の居住者が心配する必要がなく、安心できるという利点があるようだ。

北米の経験で興味深いことは、当初は、夕食づくりを当番制にして一緒にとることを義務にしていたが、

居住者が集う食事風景

遊具のペンキ塗り

遊具のペンキ塗りを子どもにさせる。住まいの活動に子どもが大人と平等に参加することを目標にかかげている。

図3‐7　カナダのコウハウジング

うまくいかず、希望者だけの選択制に切り替えた例が多かったことだ[16]。やはり、現代社会では、常に共同生活に参加しなければならないとすることは無理がある。好きなときに参加するという選択制への配慮が必要だろう。

いずれにしても、子どもたちが、いろいろな世代と共に暮らすことのメリットは大きい。それが毎日ではなくても、ときどき、一緒に食事をとるだけでもその効果は大きい。コレクティブハウスは、現代社会では失われた大家族の良さを実現している住まいといってよかろう[17]。もちろん、そのような特別な住まいでなくても、地域社会の中で人々と触れあう関係を育むことができれば、十分にその良さを実現できるのである。

注

［1］　個室とＬＤＫで構成される住まいは、住居学では公私室型住宅と呼ばれる。家族成員の私室と家族が集まる公室を明確に分離した住宅という意味である。このため、ＬＤＫを「公室」と呼ぶことがある。

［2］　北浦かほる他による日米の子ども部屋比較調査「子どもの個室保有が自立の発達と家族生活に及ぼす影響（1）（2）」『住宅総合研究財団研究年報』14号・15号（１９８７、１９８８）では、子ども部屋に対する親の管理度合い（無断入室、家具配置、掃除、衣類収納などを親が行う度合い）を分析している。それによると、アメリカより日本のほうが親管理度は高い。加えて、日本で親の管理度が高い場合は、父母のどちらかが管理者になっているのに対して、アメリカでは、父母が同時に管理者になっているという明確な違いがあることを明らかにしている。このことは、アメリカでは夫婦平等であるのに対して、日本では、父母どちらかが主導権をもつ順位制であることを示していると考えられる。

［3］　中根千枝『タテ社会の人間関係』講談社現代新書、１９６７。土居健郎『「甘え」の構造』弘文堂、１９７１。

［4］　山崎正和『柔らかい個人主義の誕生』中央公論社、１９８４。博報堂生活総合研究所『「分衆」の誕生――

ニューピープルをつかむ市場戦略とは』日本経済新聞社、1985。
[5] 高野陽太郎『「集団主義」という錯覚――日本人論の思い違いとその由来』新曜社、2008。
[6] 人間のナワバリは、侵入からの防衛によって定義される動物のそれに比べると、より広い意味をもつ「場の支配」という概念で定義される（拙著『集住のなわばり学』1992参照）。このため、ナワバリではなく「領域」という言葉を用いる。本章では、人間の行動様式を詳しく考察する場合は、領域制と呼ぶ。
[7] トリアンディス・H・C『個人主義と集団主義――2つのレンズを通して読み解く文化』神山貴弥・藤原武弘編訳、北大路書房、2002。
[8] 小林秀樹「現代住居における場の支配形態」『日本建築学会計画系論文集』468号、1995年2月に詳しい。
[9] 森岡清美・望月嵩「新しい家族社会学（改訂版）」培風館、1987、99頁～より。
[10] 本章で用いている「封建」の用語は、政治体制としての封建制を指すのではなく、主従関係と個人の抑圧を特徴とする前近代的な集団イメージを漠然と指す通俗的用法に従ったものである。
[11] 注2の北浦かほるによる調査では、「あなたのことをお母さんが勝手に決めたときどうしますか」という質問に対して、「理由を聞くことなく従う」が、アメリカでは中学一年で63％、高校一年で47％にのぼる。これに対して、日本では従うものの、文句を言いながらが多い。
[12] 朝日新聞・ジャーナル、2010年2月号。2009年12月実施の無作為抽出による成人約2千人の回答。朝日新聞2009年12月27日号に掲載。
[13] 近藤富枝「文壇資料・本郷菊富士ホテル」講談社、1974。184頁より抜粋。
[14] 日本住宅総合センター『日本における集合住宅の普及過程――産業革命期から高度経済成長期まで』1997、小林秀樹他による執筆。第1章にある「中流階級向けアパートメントハウスの登場」に下宿屋から木造アパート

への発達が詳しく述べられている。

〔15〕 無印良品の家による調査。インターネットによる全国6千名弱の調査で2009年2月実施。布団使用率41%で、今日でもベッドではなく布団を使用している世帯が多い。ベッドが増えるのは高齢夫婦である。

〔16〕 放送大学「住民主体の居住環境整備」2006~2011「6章　コレクティブハウジング」。小林秀樹によるカナダの現地調査より。

〔17〕 コレクティブハウスについては、小谷部育子編著『コレクティブハウジングで暮らそう――成熟社会のライフスタイルと住まいの選択』丸善、2004。小谷部育子・住総研コレクティブハウジング研究委員会編著『第3の住まい――コレクティブハウジングのすべて』エクスナレッジ、2012、参照のこと。

第4章　理想の間取りとは

1　個室とＬＤＫを見直す様々な主張

今日、一般化している住まいは、*n*ＬＤＫ住宅と呼ばれることがある。*n*は部屋数を表し、これとＬＤＫを組み合わせて、３ＬＤＫや４ＬＤＫと表記するわけだ。

このような住まいについて、これまで多くの知識人がその見直しを提唱してきた。しかし、そのなかには正反対の主張もあり、住まいづくりに関心をもつ読者にとっては、とまどうことが多いだろう。そこで、ここでは、それらの主張を整理しつつ理想の間取りについて考えてみたい。最初に、子ども部屋についての主張をとり上げる。

子ども部屋を必要とする主張

子ども部屋に関する主張は、わが国の住まいに対する見方が、途中で百八十度変わったことを示していて興味深い。

戦前は、子ども部屋を必要とする主張が主流だ。最初にそれが登場したのは、産業革命の進展とともにサラリーマンが登場してきた明治末だ。封建的な住まいを見直して、「女も子どもも一人前の人間としてプライバシーのある独立した個室をもつべきだ[1]」という主張に代表される。

その後も、知識人は一貫して子ども部屋の大切さを訴えてきた。その理由は四つに整理できる。①子どものプライバシーを守り自立心を育むため、②夫婦の夜の営みから子どもを遠ざけるため、③子どもの居場所をつくり非行をなくすため、④テレビの普及と受験競争の始まりにより静かに勉強できる部屋を確保するため。この四つは、今日でも通用する理由だろう。

子ども部屋礼賛を示す当時の面白い調査がある。1964年に東京都が非行少年少女の生活を調べたもので、なんと、非行少年少女は、勉強部屋をもたないという傾向が明らかだったのである。この結果に基づいて、子ども部屋は非行をなくすために必要だという主張が共感を呼んだ[2]。

否定に変わった子ども部屋論

ところが、このような主張が大きく変化したのが、子ども部屋が定着してきた1980年代だ。民間の子ども白書が「子ども部屋が非行の温床になっていて夜型の子どもをつくっている」と批判したのが一例だ[3]。わずか十数年前までは、子ども部屋は非行をなくすとされていたのが、まったく百八十度変わったわけだ。

この頃、家庭内暴力や登校拒否が社会問題になる中で、マスコミでは、子ども部屋への閉じこもりが原因の一つとして取り上げられた。あたかも、子どもに個室を与えると家庭内暴力や登校拒否に走るという印象さえ一部で広まった。

その渦中にあった一人が、住居学の外山知徳だ。外山は、登校拒否児童の住み方を調べ、登校拒否の原因は個室にあるのではなく、逆に、親子関係や人格形成の病理が先にあり、その結果として個室への引き籠もりが生じるとした。しかし、そのような慎重な意見はマスコミから遠ざけられたという[4]。

さらに、1990年前後には、子ども部屋を舞台とした事件が相次いだことから、個室批判の報道が盛んになった。とりわけ衝撃的だったのが、1989年のコンクリート詰め殺人事件だ。少年らが女子高生を個室に監禁し殺人に至ったもので、一階に両親が住んでいたことから、その異様さが世間を震撼させた。

このような事件は、親と子の関係が弱まっている現状への警告となり、それとともに子ども部屋を見直そうとする風潮が広まった。それを後押ししたのが、専門家による「子ども部屋はいらない」という主張だ。たとえば、著名な建築家の宮脇檀は、1982年に「子どもの個室はいらない」を副題につけた本を発表し[5]、また、1998年に松田妙子は、『家をつくって子を失う』と題した本で[6]、隔離した子ども部屋ではなく、親子が気配を感じられる住まいが望ましいと主張した。

その一方で、逆の主張も展開された。1960年代に建築家の黒沢隆は、個室を中心に住宅を構成した「個室群住居」を提唱していたが、それが1997年に出版され再評価されたのである[7]。

個室に対する建築家の実践

1990年代に入ると、建築家による実践が注目されるようになる。それらは、二つの方向をもっていた。一つは、前述の個室群による住居の提案であり、もう一つは、それとは逆に、個室を否定して家族が互いに気配が感じられるような間取りの実践であった。

前者の旗手は、山本理顕だ[8]。山本が設計した岡山の家（1992、図4-1）や熊本県の保田窪団地（19

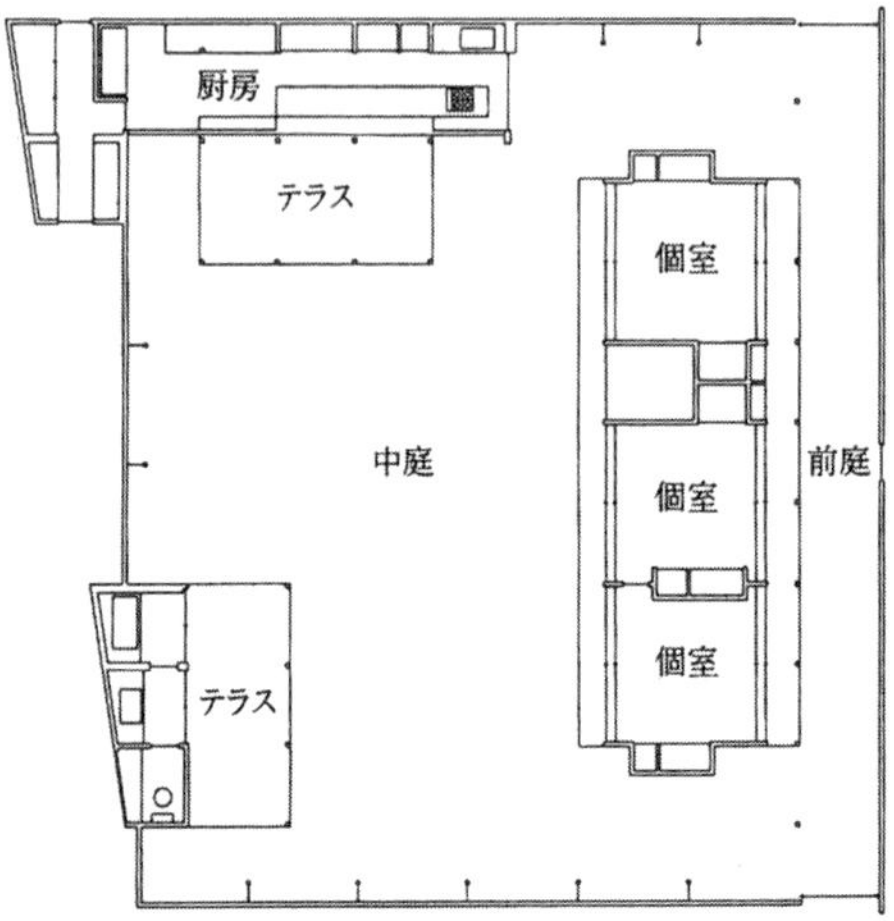

図4−1　岡山の住宅（山本理顕、1992）[8]

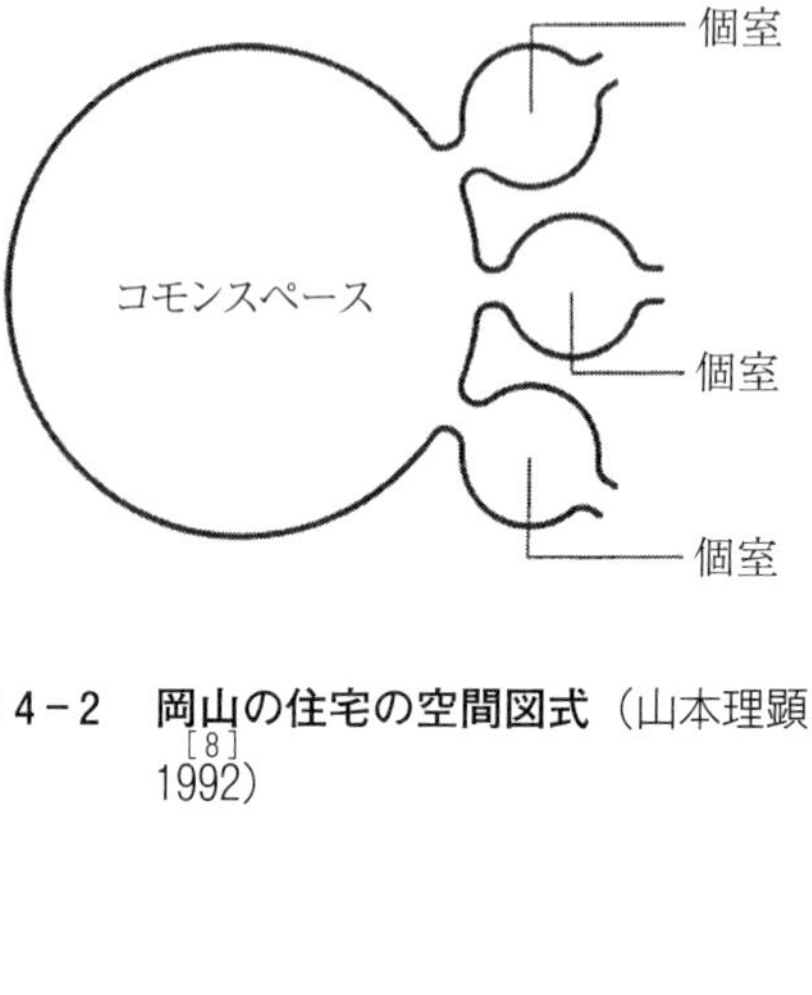

図4−2　岡山の住宅の空間図式（山本理顕、1992）[8]

91）は、個室から食事室に行くのに一度屋外に出るため、雨が降ると濡れることがあるという斬新な間取りであった。

山本の主張は、家族の個人化や働く女性の一般化など、社会の先端的な動きを踏まえたものだ。つまり、現代の家族は、一人ひとりが自立しており、外部社会とも家族を通じてではなく直接一人ひとりがつながっている。このため、住宅の間取りは、個室を中心に構成し、それら個室が直接外部への出入口をもつべきだという主張だ（図4-2）。また、夫婦も別々の人格として、別々の個室をもつべきだとした。このような考えに呼応するように、若手建築家からも自立家族の家が発表された[9]。

このように個室中心の住居が話題になる一方で、それとは逆に、壁がなく互いに気配を感じることができる間取りの提案も活発であった。難波和彦の箱の家（１９９５、図４－３）が代表であり、子ども部屋の代わりにベッド用の小部屋と共用の勉強ホールを設け、それが吹き抜けを介して一階の居間とつながっている。[10]同様な提案は現在も続いており、家族のふれあいを重視した開放的で一体感のある間取りは、建築家が関心をもつ分野の一つとなっている。

一般の住宅では、nＬＤＫタイプが当たり前になっている。このため、それに飽き足らない住まいを求める人々は、建築家に依頼する。とくに最近では、インターネットを通じて建築家に依頼しやすくなっており、多様な間取りが登場する一つの背景となっている。

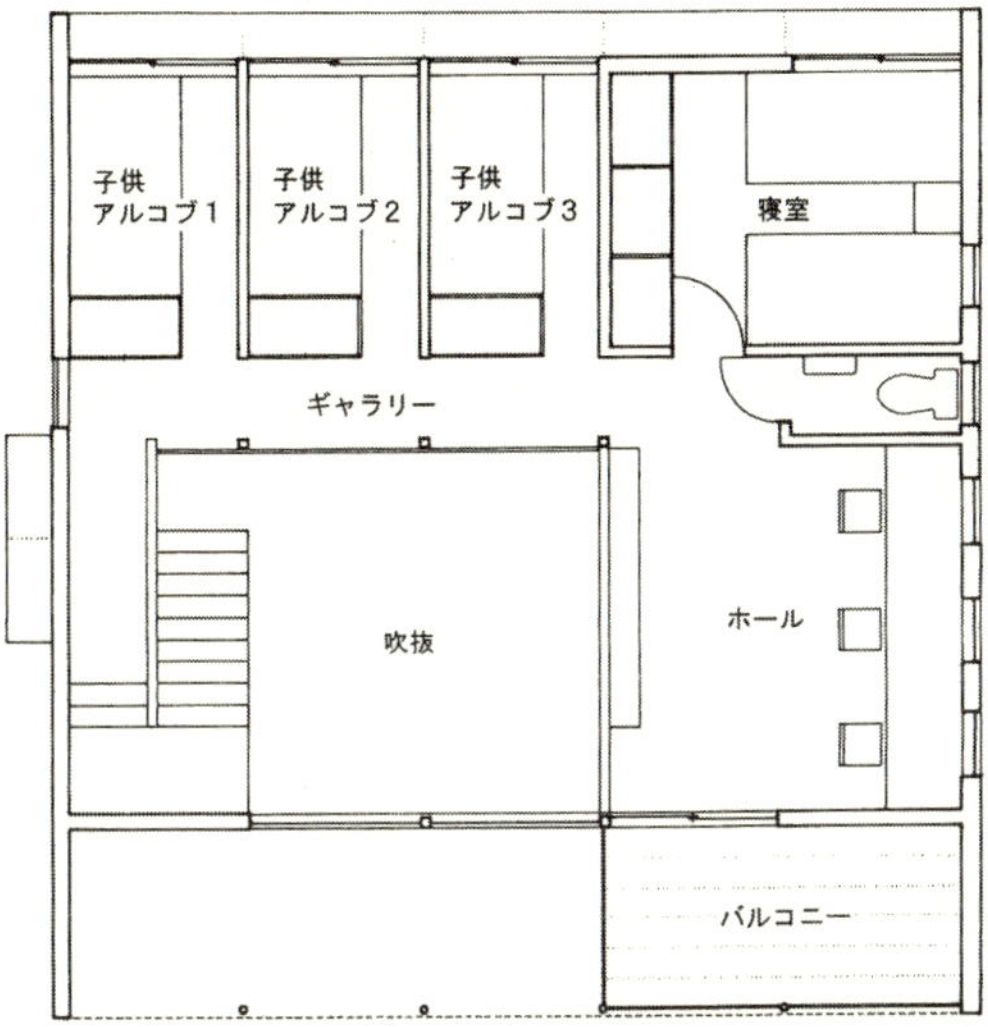

図４－３　「箱の家」の二階平面図（難波和彦, 2000）[10]

様々な分野を巻き込んでの*n*LDK論争

山本理顕の提案は、2000年前後には、社会学者の上野千鶴子を巻き込んでの論争に発展した。[11]そこでの議論は刺激的だ。とりわけ、*n*LDK住宅の評価だけではなく、間取りが住まい方を規定するという建築家の思い込みへの疑問が提起された。上野が挑発的に使った「空間帝国主義」という言葉は分かりやすい。この言葉は、空間によって生活を左右できると考えがちな建築家のクセを鋭く指摘している。

そして、二人の論争は、さらに日本で初めてダイニングキッチンを提案した2DK住宅の生みの親である建築学者の鈴木成文を巻き込んで広がった。[12]鈴木は、建築専門家は、社会現象を面白く描くだけにとどまらずに、建築空間を通して問題を解決しようとする役割を担っていると、社会学者への多少の皮肉を込めつつ述べた。これに対して、上野は、建前を崩して本音をオモテに出すのが社会学者の一つの役割だとし、具体例として、夫婦寝室が一つという建前を崩し、夫婦は別々だから*n*＋1とすべきだと主張した。建築学者、建築家、社会学者の各々の立場が響きあい、若い聴衆を巻き込んで大いに議論が盛り上がった。[13]

個室群住居は水平的関係の住まい

ここで、話題となった個室群住居について、ナワバリ学の視点から評価してみよう。

もし、親子が「自立」と呼ぶ関係であったならば、個室群住居でも問題なく住みこなせるはずだ。子どもは個室を自分のナワバリとして確立し、家族と触れあう場として、離れにある居間にも積極的に居場所を確保しようとする。親子関係もそれに対応した平等的なものだろう。そこでは、個室と居間があれば、それらをつなぐ通路に雨が降ろうが、出入口が個別についていようが、それなりに住みこなせる。

現実にも、東京下町で調査していたときに、住まいが狭いため近くのアパートの一室を高校生の子ども部屋にしているお宅があった。食事のときには、子どもが雨に濡れる路地を通って食べに行くわけで、これは個室群住居そのものだ。路地は住まいの延長のような場になっており、それなりに楽しく暮らしていた。親子のナワバリ調査でみたように、「自立」は、子どもが思春期以降で主流になる（第2章3）。してみると、個室群住居は、子どもが高校生以上であれば、一人ひとりの暮らしを大切にした住まいとして選択肢の一つになるだろう。

しかし、子どもが小学生以下ではどうだろうか。思春期前の子どもにとっては、親の庇護を感じさせる開放的な間取りが安心感を与える。それが、繰り返し述べたように、母子の一体感を大切にする日本の温情家族の特質なのだ。このため、個室群住居よりは、家族の触れあいを重視した間取りのほうが好まれるだろう。

一方、高校生でも「分離」傾向にある親子の場合は、個室群住居は分離傾向を助長してしまう可能性がある。総じて、個室群住居は、子どもが成長し親子が平等的・自立的な関係になった家族が住みこなせる間取りといえそうだ。

父親の閉じこもりが生じる？

一方、夫婦関係からみるとどうだろうか。

夫婦が平等のナワバリをもつという理想は、多くの日本の家族にとっては夢であった。家父長制という制度が崩れ、そして長男がイエを代々継ぐという実態も崩れたサラリーマン世帯では、母親と子どもの本能的なつながりが優先し、父親は意図的に努力しない限りは、家における役割は低下していく。

そのような家族に個室群住居を持ち込むと、どうなるだろうか。たぶん、父親の個室への閉じこもりが生じる。居間に出ていくと、皆に煙たがられる父親。それよりは、ごく普通のnLDK住宅のほうが、俺の個室はないと言い訳しながら、父親が居間に居場所を持ちやすいはずだ…。このようなイメージは、半ば冗談だが、父親の影が薄い実態をみると、本当ではと思える。個室群住居を使いこなせる夫婦は、子どもの場合と同じく、夫婦が互いに平等な立場で暮らす関係なのだろう。

つまり、個室群住居に似合う家族は、前章で述べた八つの集団タイプでいえば、水平的関係を重視した四つの家族（友愛、協同、棲分け、自立）だ。このうち、集団主義に属する友愛家族や協同家族にとっては、何とか住みこなせるという程度であり、積極的にそれを求めるわけではない。むしろ、個室群住居の考えにピッタリはまるのは、個人主義に近い棲分け家族や自立家族だろう。

これらは、日本の家族では、子どもが成人以降で表れる特性だ。そのときに、本来であれば、子どもは親から独立して別住居を構えて棲み分ける。つまり、わざわざ個室群住居を造る必要がない。むしろ、地域にあるアパート等を用いて隣居や近居するほうが自然な選択であるように思われる。

順位行動の達人が住む個室のない住まい

その一方で、「個室がない間取り」はどうだろうか。

前述したように、子どもが小学生以下、とくに低学年までは問題ないだろう。問題があるとすれば、夫婦の夜の営みを子どもから隠す必要だ。昔の民家においても、若夫婦の寝室として隔離されたナンドがあったように、子どもではなく夫婦用に隔離された部屋が一つは必要だ。では、子どもが成長したときは、どうだろうか。

第2章でみてきたように、壁によるプライバーがない住まいであっても、順位行動を身につけることで円滑に暮らすことができる。しかし、逆に言えば、個室がない住まいで暮らせるのは、そのような住まいで育ち、障子や襖がありさえすれば、十分に人間関係を調整する方法を身につけた、気遣いの達人たちである。もし個室で育った人々が、いきなり壁のない住まいに住めば、しばらくはストレスが生じることは避けられない。その後、しだいに必要な行動様式を身につけていくが、それには時間がかかることになる。

ルームシェアの経験が示すこと

興味深いことに、個室に慣れた子どもが、学生寮で初めて相部屋のルームシェアを経験すると、「存在を消す」ことを覚えるという（第6章）。つまり、順位行動によって集団生活を円滑に営むのではなく、存在を無視することで円滑に暮らそうとするわけだ。確かに、個室で育った子どもにとって、気遣いや作法をすぐに身につけることは難しい。しかし、その間も暮らしは続いていく。それならば、互いに無視することのほうが手っ取り早い。つまり、朝起きても「おはよう」の挨拶もせず存在を無視することにするのである。それも一種の住み方のルールということになろう。

先に、高校生のときに個室がなかった大学生の話をした。彼らどうしならば、おそらくルームシェアの暮らしに無理なく対応できるだろう。もちろん、このことは個室を否定するものではない。個室の良さを生かしつつ、その一方で居間での子どもの居場所を大切にすれば、十分に集団生活に相応しい行動様式を育むことができるはずである。

2　言論と現実にズレが生じる理由――*n*ＬＤＫも悪くない

住宅とは規範の表現である

さて、山本と上野の魅力的な論争にみるように、*n*ＬＤＫ批判の言論は活発であったが、現実をみると、*n*ＬＤＫの間取りはますます強固に定着している。なぜ、このように言論と現実にギャップがあるのだろうか。

それを解く鍵の一つは、住宅とは暮らしの「実態」を表現するものではなく、家族はこうありたいという「願い」や「規範」に対応したものではないかということだ。そして、言論は、どちらかといえば暮らしの実態に着目して主張する。このため、住宅の現実とはズレが生じるのである。

現代の定版である3ＬＤＫが想定する暮らしは、次のようなものだろう。つまり、夫婦寝室と子ども部屋が2室、それにＬＤＫだ。ところが、今や、子どもを二人もつ家族は標準とはいえない。子ども無し、あるいは子ども一人も多い。さらに離婚による片親も多い。また、結婚しない若者や老人の一人暮らしにより単身世帯が急増している。そのような実態に着目すれば、*n*ＬＤＫを見直すべきだという主張は説得力がある。

しかし、ここで疑問が生じよう。住宅の間取りは、家族の実態を反映するものなのかという根本的な疑問だ。住宅は、一度建設されると三十年、ときには百年近く長持ちする。それに対して、家族は、子どもの成長とともに変化し、また単身化などの社会状況によっても変化する。時間のスパンがそもそも違う。とすれば、*n*ＬＤＫ住宅が示すのは、眼の前にある家族の実態ではなく、家族はこうありたいという人々の願いではないだろうか。

私たちは、夫婦仲良く寝室を共にしたいし、子どもを平均二人はもちたいと願う。その願いには、子ども二人ならば国の人口は安定するという社会規範の影響もあるだろう。そのような願いが、3LDKの住まいとして定型化したのである。

住宅市場では、子どもがいない夫婦や、子どもが一人の世帯でも、資金に余裕があれば3LDKを購入しようとするそうだ。[14] そのほうが中古になっても売りやすいし、また将来、家族が増えても対応できるからだ。このように、ある種の規範を背景として、住まいは3LDKの定型に収斂していく。その結果、個人の生活の実態とは必ずしも一致しないのである。

中廊下をもつnLDKが現代の定型

住まいの近代史において、人々は住まいに願いを込めた。とりわけ、高度成長期にテレビで放映されたアメリカのホームドラマは、夢のような暮らしへのあこがれを生み出し、人々に共通する願いとなった。その背景には、欧米化を望ましいとする社会規範の影響もあったろう。その結果として普及したのが、LDKと個室をもつ間取りであった。

そして、意外に思われるかもしれないが、中廊下をもつ間取りも同様なのである。中廊下とは、玄関を入ると廊下があり、そこを通って各部屋に至る間取りだ。これは世界的には少数派だ。一般には、玄関ホールから、すぐに居間に入る間取りが多く、中廊下は少ない。

私の研究室の学生が、大学生に住まいの夢を語らせる調査をした。[15] そこで、複数観察されたのが、「玄関を入ると廊下がある間取り」だ。つまり、中廊下が、住まい夢の一つとなっている。対象は、2008年の

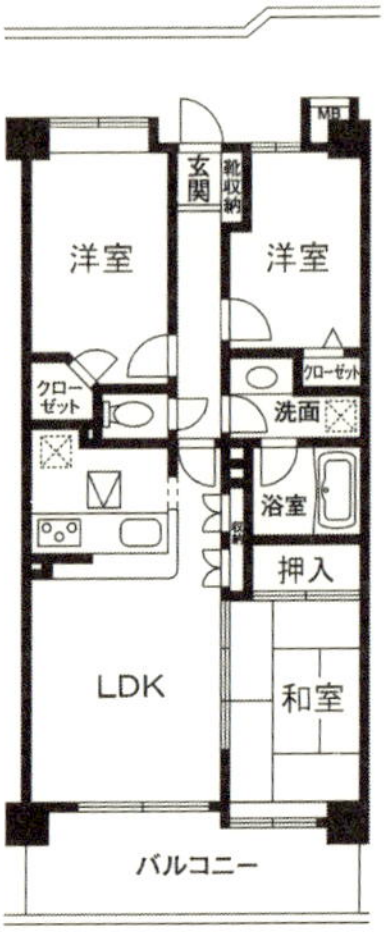

図4－4　マンションの標準的な間取り

大学生だから、若い人々にも定着している願いになっているわけだ。

振り返って昭和初期に登場した中廊下は、各部屋の独立性を高め、家族のプライバシーを守る先進的な住まいとみなされた[16]。それに意味づけを行った知識人や建築家は、封建家族からの転換という社会規範をそこに重ね、好ましい存在として推奨した。このことが、無意識のうちに現代人の価値観として定着した可能性は高い。

つまり、中廊下をもつ*n*ＬＤＫ住宅は、第二次大戦の前から戦後まで、ずっと人々の願い、目指すべき規範として存在したのである。

規範と実態のズレを許容する間取り

もちろん、規範と生活実態にはズレがある。しかし、そのズレは、間取りを住みこなしていけばよい。たとえば、部屋数が余れば夫婦が別に寝てもよいし、部屋と部屋をつなげて広々とした空間をつくり出してもよい。むしろ、今日の*n*ＬＤＫ住宅に求められる条件の一つは、このような規範と実態のズレを吸収しうる柔軟さをもつ間取りなのである。

実際にも、マンションの標準的3LDKをみると、リビングルームの横に和室がつながっている間取りが典型だ（図4-4）。この和室は、必要に応じて寝室にもなるし、客間にもなる。さらに、リビングとつなげて広く使うこともできる。まさに柔軟性をもつ間取りであり、それが定型として支持された理由だ。つまり、定型化している3LDKは、ただの3部屋とLDKではない。柔軟な住み方を可能にする優れた3LDKなのである。

言論と現実のギャップのもう一つの理由

さて、nLDKをめぐる言論と現実のズレには、もう一つの理由がある。それは、言論が注目するのは、社会の先端的な事象であるということだ。

私を含めて学者や建築家は、社会の先端的な事象を解明したい、あるいは先端を生み出したいと思うクセがある。平凡な一般例よりは、少数の目立った事例、あるいは、論争を生むような先進的な住宅を目指そうとする。そのような偏りが、言論には内在している。

たとえば、個室批判がなされるときに、個室に閉じこもる例や、非行に走る例が仰々しく報告される。しかし、冷静に考えれば、個室があっても健全に育つ子どものほうがはるかに多い。少数例に基づいて、個室批判が増幅されてしまうわけだ。また、「家族はもはや解体している」と言うとき、マスコミなどが取り上げる一部の特殊例に惑わされていないだろうか。日本の家族の実態は、言論が示す以上に保守的であり、かつ健全だ。

重要なことは、その先鋭的な例が、これからの趨勢になるものの先取りか、それとも、単なる特殊例にすぎないのか見きわめだ。もし、先取りしているならば、その指摘には警告としての意味がある。逆に、特殊例にすぎないのであれば、騒ぎすぎということになる。

とはいえ、その判断は難しい。なんと言っても未来の予測だからだ。結局、専門家の知識や経験に頼ることになるが、少なくとも、家族や住まいの歴史を踏まえて考察することが、専門家に求められるマナーということになろう。

以上、言論と現実にギャップが生まれる理由をみてきた。そして、現実は、言論をあざ笑うようにnLDKの定着へと進んでいる。このような現実を踏まえると、私たちは言論に過剰に反応することなく、個室やLDKを当たり前のこととして受け入れるべきではないだろうか。むしろ、注目すべきはそれとは別の問題だ。具体的には、中廊下形式の見直しと、外部社会に対する住まいの閉鎖化の見直しだ。次に、この問題に接近してみよう。

3 家族生活からみた間取り——中廊下型から居間中心型へ

日本の住まいの特性を踏まえる

わが国の現代住宅は、世界的にみると、次の二つの点で特殊だ。一つは、前述した中廊下の存在だ。昔の襖で部屋が続く間取りから、中廊下を通って各部屋に行く間取りへと変化し、それが定着したことだ（図4-5）。

もう一つは、玄関で靴を脱いで床上にあがることだ。このため、私たちが「洋室」と呼んでいる部屋は、欧米の部屋とは大きく異なる。たとえば、日本では「洋室」であっても床に座り込む風景がみられる。しかし、ホテルに泊まるときに、その床に座り込むことは考えられない。それが本来の洋室だ。日本の「洋室」は、床上である点で、欧米人からみると、やはり和室の一種なのである。

そして、これからの住まいを考える場合にも、これら二つの特徴を踏まえることが必要だ。ところが、こ

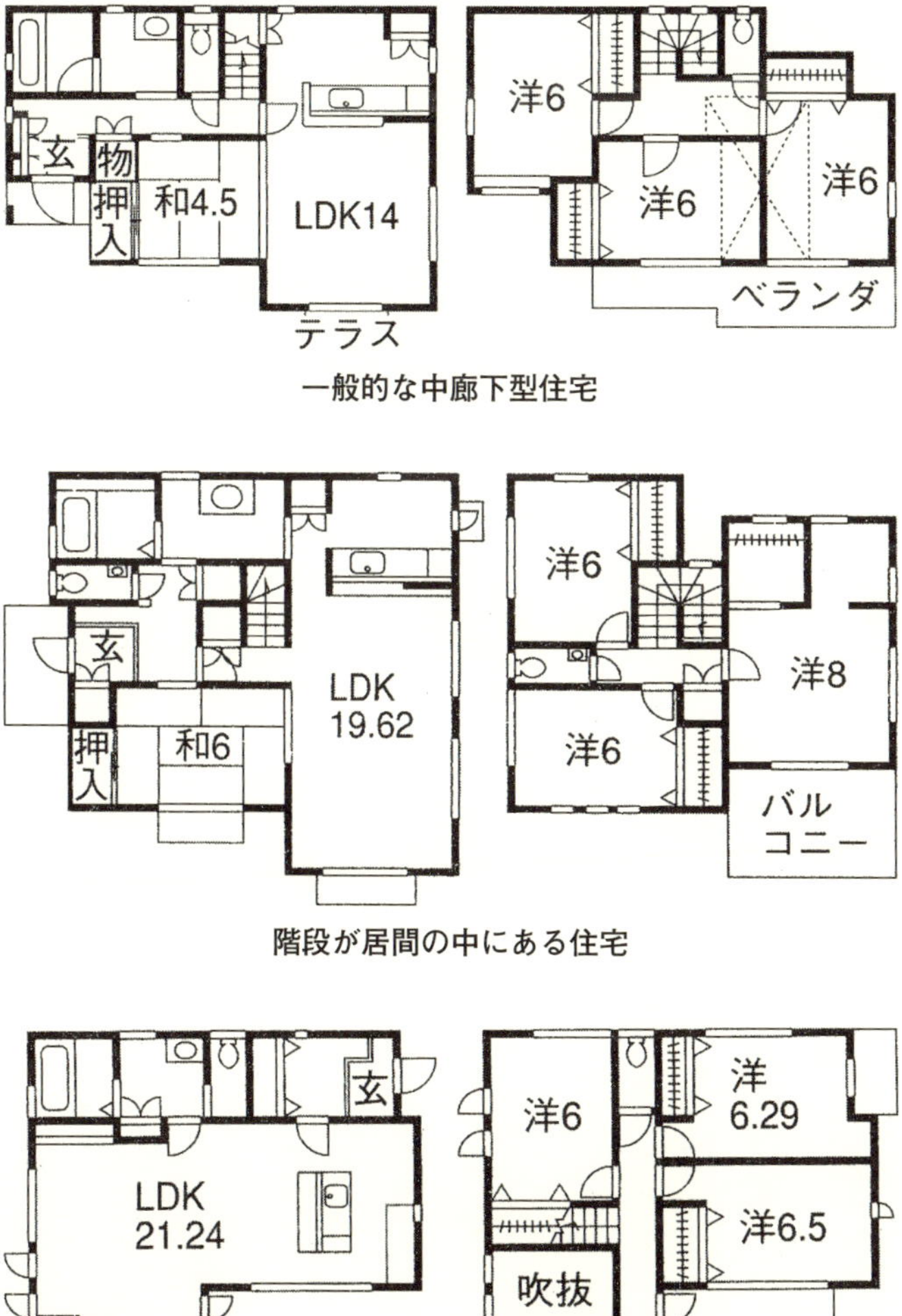

図4－5　現代の一戸建住宅の典型的な間取り

れまでのnＬＤＫの見直し論には、この二つの特徴への言及が欠けている。その点で、実は、的はずれな議論をしていた可能性が高い。

では、この二つの特徴のゆくえはどうなるのだろうか。結論を先に言えば、床上文化は変わらない。その一方で、中廊下形式からの転換は進む。その結果、住まいの主題は、nＬＤＫの見直しではなく、中廊下の見直しになると考えられる。

最近増えている居間中心型の間取り

ここ十年ほどで、「居間中心型」と呼ぶ間取りが急速に増えている。これは、中廊下形式からの転換をはかるものであり、注目すべき動きだ。

居間中心型とは、玄関からまず居間に入り、そこを通って各部屋に行く間取りのことだ。この言葉の由来は、大正時代に提案された居間中心型住宅だ（第7章）。大正時代のものは平屋建てだが、現在の二階建住宅に当てはめると、二階にあがる階段が居間に設けられた間取りになる（図4‐5）。このような間取りは、ひと昔前は、といっても、ほんの十数年前のことだが、冬季の暖房効率が階段吹き抜けによって悪化するため避けるべきとされていた。それが、今日、急速に普及しているのである。

建築学者の鈴木義弘らのグループが、居間中心型の実態を詳しく調べている。[17] それによると、１９８０年の全国調査では、居間中心型は、ほとんど皆無であった。例外として、北海道では暖房に配慮して1階を居間中心型とする間取りが多かったが、これは寒冷地の特殊事情によるものだ。ところが、ここ一〇年ほどで急速に普及し、２００７年の調査では、全国で24％を占めるに至っている。最近の住宅情報誌を開くと、「リビングイン階段」と呼ばれ、居間に階段が設けられた住宅が定着していることに気がつくはずだ。

このような変化の理由は何だろうか。一つは、建築技術の進歩だろう。今日、床暖房が一般化し、かつ二重窓の採用等によって断熱性が向上した。このため、居間に階段吹き抜けがあっても冬季の暖房効率はそれほど問題にならなくなった。そして、もう一つは、人々の意識の変化だ。

鈴木らの調査によれば、「家族が個室に行くときに居間を通るため、子どもといつも顔をあわせるのでよい」というように、親が、家族の触れあいを求めて意図的にこの間取りを選択している。確かに、従来の中廊下型の間取りは、玄関から子ども部屋まで、親と顔を合わせずに行くことができる。そのようなあり方に疑問を感じ、意図的に居間中心型を選択しているわけだ。

居間を中心にした間取りは、大正時代から約百年の歳月を経て、ようやく日本の住宅に普及しつつあるといえる。

居間中心型は人々の「願い」の表現

私は、このような居間中心型を好ましいことだと支持している。つまり、実際に人々が選択したのは、個室群でも個室のない住まいでもなく、中廊下を見直した「家族が自然に出会う間取り」だ。しかも、個室を否定しているわけではない。それを肯定した上で家族の触れあいを求めた間取りなのである。

このことは、住宅における「願い」の重要さを示している。個室群住居では、現代の家族は自立しているとして、個室が外部に直接つながる住居を提案した。これは、現代の家族に対する認識としては正しい。とくに、子どもが高校生以上になれば多く家族に当てはまる実態だろう。しかし、人々の住宅選択は、逆の道を選んだわけである。

つまり、家族の個人化という現実を受け入れるよりは、逆に、家族の触れあいを大切にしたいと願うのが人情なのである。これは、夫婦別寝についても同様だ。別寝の実態は多いが、子どもが同居している間は、願いとして夫婦寝室が支持されている。

多くの人々にとって、個室によるプライバシーの快適さを知った以上、昔のような襖でつながる間取りには戻れない。しかし、温情家族の暖かさを大切にする気持ちも強い。その両方の気持ちを満たすようにストンとはまったのが、居間中心型の間取りだということができる。

4　接客からみた間取り——部屋をつなげて使う

住宅における対社会性を担う場の見直し

次に、接客など家族外の人々との関係について考えてみよう。

住まいにおける接客や儀礼は、結婚式場などの都市施設へと外部化してきた。では、現代の住まいにおいて、接客はどのように行われているのだろうか。

地方の続き間座敷をもつ住宅（図4-6）では、今日でも客の種類によって部屋を使い分けている。それをみると、①改まった客（盆や正月、法事等の客。続き間座敷を使う）、②普段の客（親しい客や近所の集まり。リビングや座敷を使う）、③近所の客（奥さんの茶飲み友だち等。リビングやダイニングを使う）、④用事の客（事務的な用やセールスマン。玄関に腰を掛けて応対する）、となる。つまり、最初の①②の二つは、座敷などの特別な部屋に通すわけだ。

一方の都市住宅では、訪問客は減り、また夫婦の客を区別する必要もないため、これほどの使い分けは必要ない。また、接客や応対のほとんどは、都市の宴会場、レストラン、喫茶店、飲み屋などで行われている。もちろん、少なくなったとはいえ、自宅での接客は皆無ではない。友人の招いてのパーティは行われるし、誕生会やクリスマスパーティなどのイベントもある。さらに、住まいの社会性が失われている現状を懸念する立場から、接客しやすい住まいを求める主張もある。とくに、定年後の暮らしは長い。そのときに、訪問客のない暮らしは寂しいという意見は説得力がある。では、どのような住まいが望ましいのだろうか。都市住宅を中心に考えてみよう。

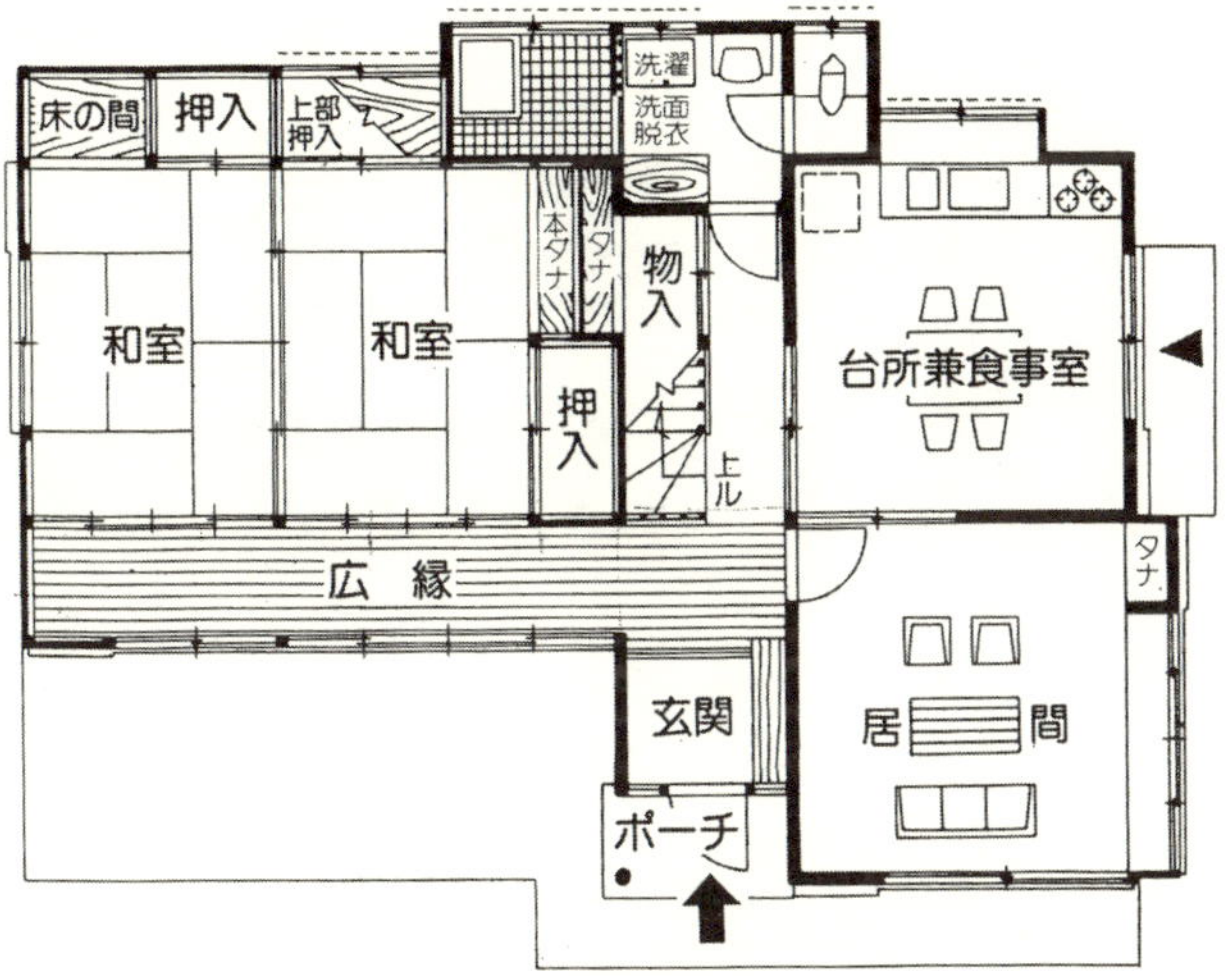

図4−6　続き間座敷をもつ住宅

来客用とも家族用ともつかないリビングルーム

続き間座敷のような使い分けは、アメリカの中流家庭でもみられる。具体的には、リビングルームとファミリールームの使い分けだ。前者は、接客やパーティの場であり、後者は、子どもが散らかしてもよい場だ。このような使い分けは、1950年代頃から定着したといわれる。[18]

もし、日本の住まいの近代化が、そのままアメリカ化を追求していれば、座敷がリビングルームに変わり、茶の間がファミリールームに変わったはずだ。しかし、そうはならなかった。一般の都市住宅では、家族団らんの

図4−7　リビングルームの光景
ソファーとコタツが同居する風景

場としてリビング・ダイニング（ＬＤ）が一つとられ、接客やパーティは、このＬＤで行われることが普通だ。つまり、ＬＤは、家族の団らんと接客を兼ねた多目的な部屋になっている。

　このようなＬＤが普及するのは、１９８０年代頃からだが、当時の調査によれば、来客を意識してソファーセットを置く一方で、このソファーを背もたれにして床に座ってくつろぐ光景がよくみられた。[19] とくに、冬は、コタツを出すためにこの傾向が顕著であった（図4-7）。このような光景は、その居間が、果たして接客の場なのか、それとも家族がくつろぐ場なのかが曖昧であったことをよく示している。

二公室型住宅の提案

　このような曖昧さは、当時、二公室型住宅の提案を生み出す大きな理由であった。[20] つまり、当時の居間は、家族と接客の場が混在しており、しかも、めったに来客がなくても、客が来るかもしれないという「接客準備意識」から、いつも綺麗にしておこうという意識が働いている。このため、くつろいだり散らかしたりしにくい部屋になっている。これを解決するためには、二つの公室が必要だという考えだ。その結果、実現したのが、図4-8の間取りをもつ住宅形式だ。[21]

　しかし、このような二公室の提案は普及しなかった。地方では、すでに続き間座敷があったため必要に乏

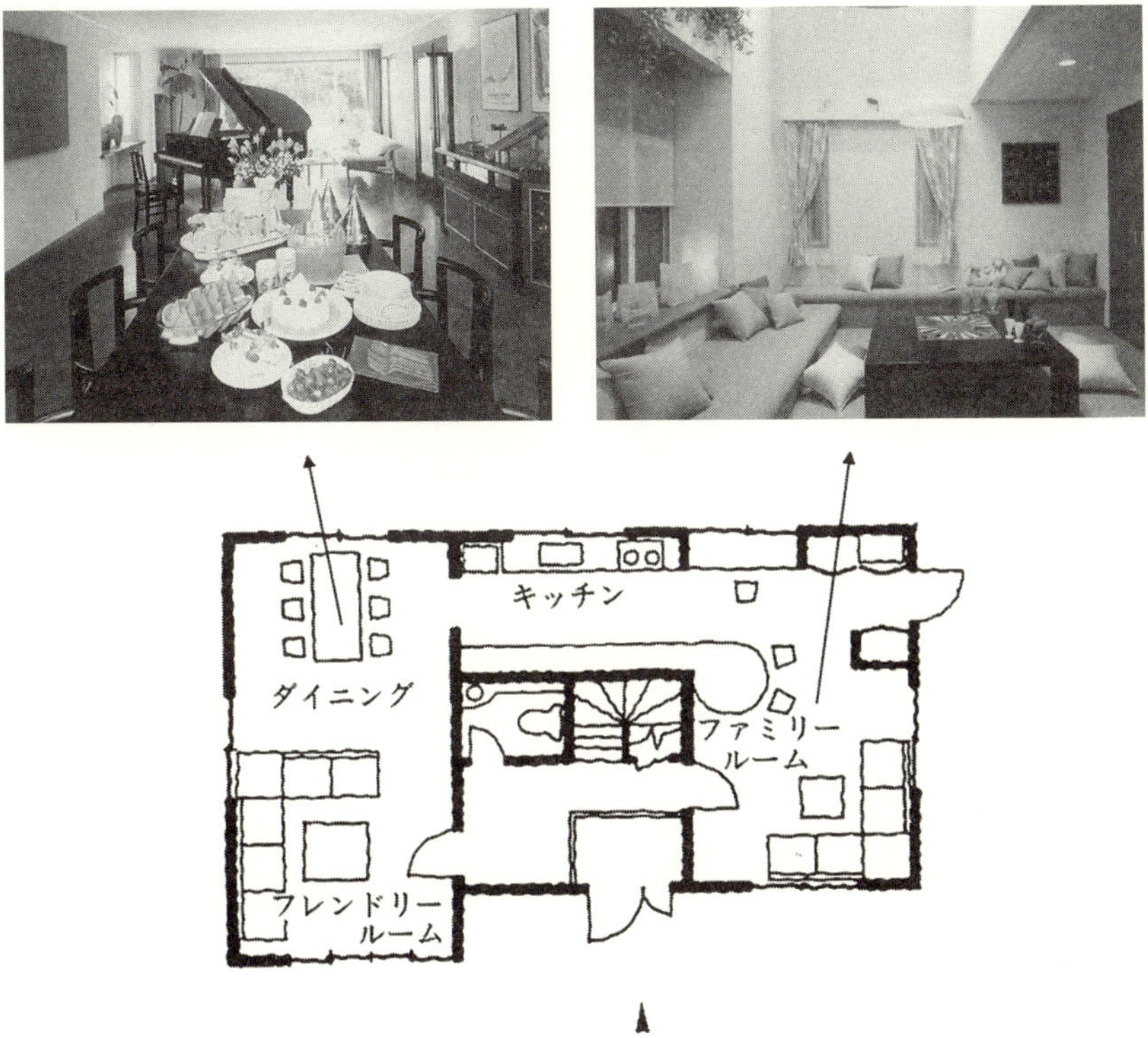

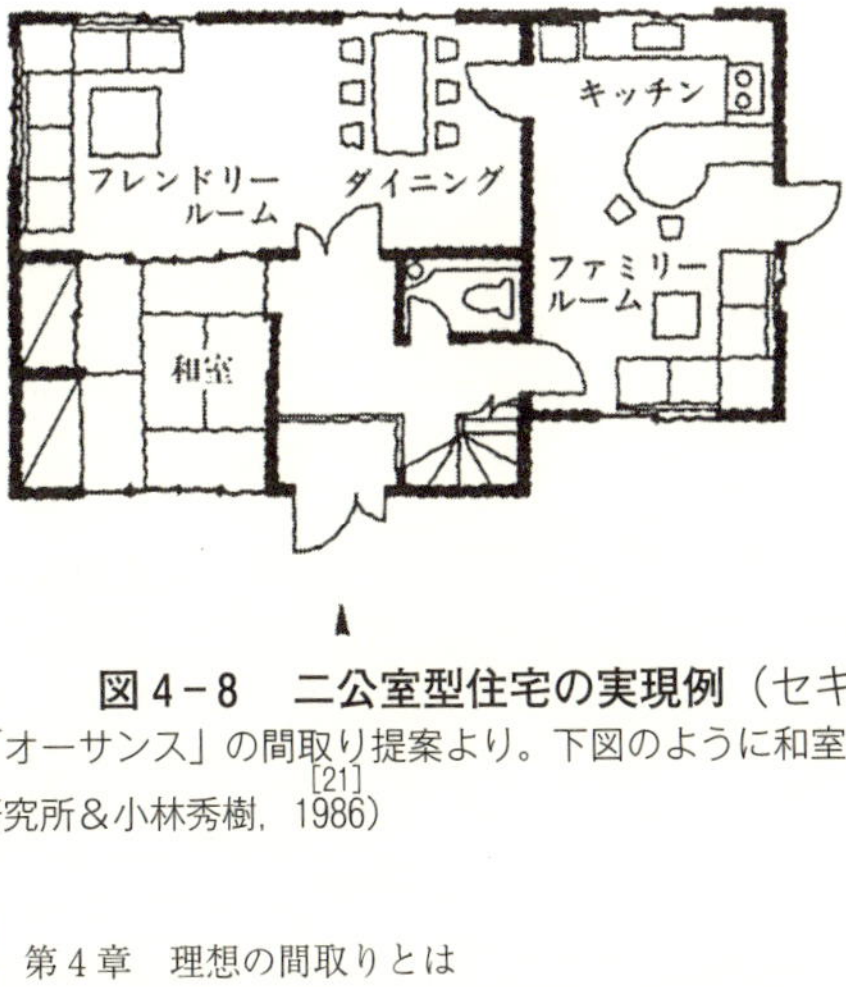

和室をもつバリエーションの例。日本的住まい方との折衷案として提案された。

図 4－8　二公室型住宅の実現例（セキスイハイム，1986）
住宅名「オーサンス」の間取り提案より。下図のように和室をもつタイプも提案している。（出典・住環境研究所＆小林秀樹，1986[21]）

図4－9　最近のソファー

しかったこと、一方の都市部では、二公室を確保するには住宅面積が狭かったことが原因だろう。

日本の都市住宅では、来客といっても、ほとんどは親戚や友人等の気楽な人々だ。それならば、家族団らんの場に通すことで問題はなかったのである。

実は、アメリカでもリビングとファミリーを使い分けるのは広い住宅に限られている。マンションや狭い一戸建住宅では、日本と同じくリビング・ダイニングが一つだ。もっとも、狭いといっても百数十平米はある。つまり、日本の住まいの現状では、もともと二公室は無理があった。もちろん、広い住まいを確保できるならば、二公室を実現するのも楽しい選択になるはずだ。

くつろぎを重視したソファーセットの普及

そして、このような団らん中心の日本のリビングの特徴は、ソファーセットのタイプの変化によく表れている。1970年代までは、ソファーセットといえば、接客を意識した「対面型」や肘掛け付きのタイプが多かった。しかし、都市住宅の面積は狭く、また改まった客も少ない。しだいに、テレビの見やすさやくつろぎを優先して、L型や横になれるI型が主流になった。また、若者のアパートでは、フロアライフと呼ぶ床座ソファーが急速に普及していった。

そして、最近では、カウチ・ソファーが人気だ。アメリカでは、デイ・ベッドタイプとか長いす（チェイズ・ラウンジャー）と呼ばれるそうだ。日本では、寝ころべる長いすタイプと、普通のI型を組み合わせたタイプが普及しつつある（図4-9）。今日、ハレのときといえば、もっぱらクリスマスや正月などの家族行事だ。改まった接客は外の宴会場等を利用し、自宅ではめったに行わないのであれば、家族のくつろぎを優先することは自然な選択といえる。

そして、このことは、アメリカのマンション等でも同様のようだ。LDは一つであり、最近は、玄関で靴を脱ぐ家庭も多くなっている。デイ・ベッドタイプは、当然、靴を脱いで利用する。このようにみると、居間で人目を気にすることなくゴロゴロできるという点で、日本の床上文化は、案外、国際的に通用するのかもしれない。

ワンルーム的に広々使う住文化

さて、今日の都市住宅の多くは、洋室のLDに加えて、座敷風の和室を一つは確保している。建て主にインタビューすると、「イザというときのためです。接客のときや、客を泊めるときに便利でしょう」。では、この和室を接客に使っているのだろうか。おそらくノーだろう。多くの家庭では、来客はLDに通している。また、客の宿泊に利用するとしても、その機会はめったにない。では、この和室は意味がないのだろうか。

実は、大いに役立っている。たとえば、ちょっとゴロ寝をしたり、酒を飲んでくつろいだりする場になり、また、お花や着付けの場にもなる。さらに、襖を開けておくと開放的で気持ちがよいし、パーティのときには、荷物の置き場として重宝する。加えて、子どもが小さいときの添い寝の場としても活躍する。つまり、リビング・ダイニングに、「何でも部屋」としての和室を一つ加えることで、様々な生活シーンに臨機応変に対応している。

このことを、二十年以上前に予見したのが、建築学者の江上徹だ。[22]江上は、私たちが二公室型の提案をしていた頃に、居間を二つに分けるのではなく、広々としたワンルームとして団らんにも接客にも臨機応変に使い分けるほうがよいという反対の主張をした。現実は、江上説に軍配をあげたのである。

そして、来客があったときは、夫婦も親子も家族みんなでもてなすような、そんな付き合いが理想だ。そうすれば、家族のリビングルームに客を通しても気にならない。一方の和室は、接客の場というよりは、正月の生け花などの文化の場として、あるいは「何でも部屋」として居間と続き間にして一緒に使う。それが、日本の住まいが選択した知恵なのである。

5　ナワバリ学からみた理想の住まい

空間帝国主義にも実態至上主義にも偏らない

私は、住まいづくりにあたり、「一人ひとりの生活から建築を考える」という考えを大切にしている。これによって、「空間帝国主義」に陥ることなく、住み手にやさしい住まいを実現したいと考えている。しかし同時に、生活の実態をそのまま間取りにするのではなく、次の二つを重視したいと思う。

第一は、将来の変化への配慮だ。つまり、眼前の生活実態に合わせるのではなく、人々の生活は時間とともに変化することを重視することだ。そのためには、変化に対応できる柔軟な空間づくりを目指したい。前述したリビングルームと和室がつながる間取りは、そのような柔軟さをもつからこそ、人々に長く支持されたのである。

第二は、建て主が気づかない住まいの社会性への配慮だ。たとえば、地域の町並みとの調和や、次世代に配慮した百年住宅の実現などだ。これらのアドバイスは、もしかしたら、その家族の生活実態とは一致しないかもしれない。しかし、住宅が長く地域に存在するために、住宅自体が備えるべき条件として丁寧に説明したい。

以上を通して、一人ひとりの生活からの発想を、将来変化や地域社会とつなげていくことが、私が考える住まいづくりのあり方だ。

ナワバリ学の教えのまとめ

これまでみてきたように、今日、多くの家族では、温情家族から友愛家族へと順調に成長しており、父親不在の状況を改善できれば、従来の標準的な住まい方（第2章4）に大きな問題はみられない。また、個室は、子どもの成長段階に応じて役割を変えつつ、うまく使いこなされている。

総じて言えば、個室とLDKで構成される間取りは、中廊下型から居間中心型への変化をうまく取り入れつつ、日本の床上文化と母子の一体感を高める養育態度によって、うまく使いこなされ、基本は支持されている。

しかし、まったく問題がないわけではない。それは、対社会性の観点からのものだ。*n*LDK住宅には、家族以外の他者を家に迎え入れるという発想が乏しい。それが、職場と切り離された核家族サラリーマンの暮らしの特徴だからだ。しかし、これからの住まいは、地域の人々を気軽に迎え入れたり、老後において介護者を受け入れたり、あるいは、家の中から通りを見守ることで地域の防犯性を高めたりすることが重要になるだろう。このためには、住まいの通りに対する閉鎖化の現状を見直す必要がある。少なくとも、LDK

から外の道や広場が見守ることができる窓のあり方に配慮したり、昔の縁側のように近所の人が気軽に訪問できるような構えを大切にしたりすることが求められる。

これからの住まいの条件

最後に、筆者が考えるこれからの住まいの条件をあげてみよう。都市住宅の限られた面積を想定したものである。

1　夫婦寝室は、最低八畳とする。なぜ、八畳以上かといえば、夫婦の寝室以外に次の二つの使い方があるからだ、一つは、親子が川の字になって同室で寝ることがあること。もう一つは、夫婦別寝を希望する場合も家具間仕切りで仕切る使い方ができることだ。これにより、子どもに対して夫婦の一体感を表現できるし、また、急病になったときにも互いに気づくことができる。

2　子ども部屋は、二つ以上とする。もし子どもが二人居なくても、部屋が余れば趣味室など多様に使えるし、将来やむを得ず売ることになっても流通しやすいからだ。さらに、将来、この住宅が単身者のルームシェアに使われることになっても、三人以上ならば楽しくシェアできる。

3　子ども部屋に順応性をもたせる。つまり、子どもが小学生くらいまでは、二つを合わせて広い共用の子ども部屋にし、その後、簡易間仕切りや家具間仕切りで仕切って個室にできるようにする。

4　部屋の配置は、居間中心型にする。つまり、玄関から居間に入り、そこから個室に行くように計画する。もし、全個室を居間から行くように設計することが難しい場合は、夫婦寝室のみを分離する。というのは、夜の営みに配慮すれば、子ども部屋と夫婦寝室はできるだけ離したほうがよいからだ。

5　リビングルームや食事室（ＬＤ）とつながる余裕室を一つは確保したい。これは、和室とすることが多いが、和洋は各家庭の自由だ。そして、何かあれば、LDと余裕室をつなげて広々と使えるように、襖や引き戸で間仕切る。あるいは、ホールや中庭等を介して視線でつながるようにする。狭い日本の住宅面積の中では、細かく部屋を仕切るより、できる限り広く感じられるようにしたい。

6　この余裕室は、一戸建ならば外部から直接出入りできる動線が設けられるようにする。将来、老後になって介護者を受け入れたりする部屋としても利用できるからだ。

7　家族の眼から隠されたウラの場所に配慮する。一戸建住宅ならば、玄関とは別に裏口を設ける。また、マンションでは、ゴミの一時置き場や物干しなどに利用できるウラのバルコニーを計画する。

8　通りに向けて飾り窓や表出の場を設けるとともに、通りの様子がLDKから見えるように計画する。このような外部に開かれた設計により、通りの景観を楽しくするとともに、地域の防犯性を高める。また、LDKは、通りに向いた窓と同時に、プライバシーが守られた反対側（裏庭や中庭側）の窓をもつように計画する。つまり、両面型の間取りとすることで、プライバシーを守りつつ外部に開くようにする。[23]

9　地域の人が気軽に訪問しやすいように玄関は引き戸にするとともに、LDKの窓を近くに配置する。引き戸であれば、全開や半開きにしておき、「暇だから、どうぞ入って」というサインとしても利用できる。逆に、プライバシーを大切にしたいときは、引き戸を閉じるとともに、窓のカーテンを閉めればよい。このような引き戸と窓の組み合わせは、交流と遮断を適宜選択しやすいというメリットをもつ。

以上の条件を満たす１２０平米程度の間取りを例示した（図4-10、11）。参考にしていただければ幸いである。

家族の触れ合い
を重視した居間
中心型の計画例

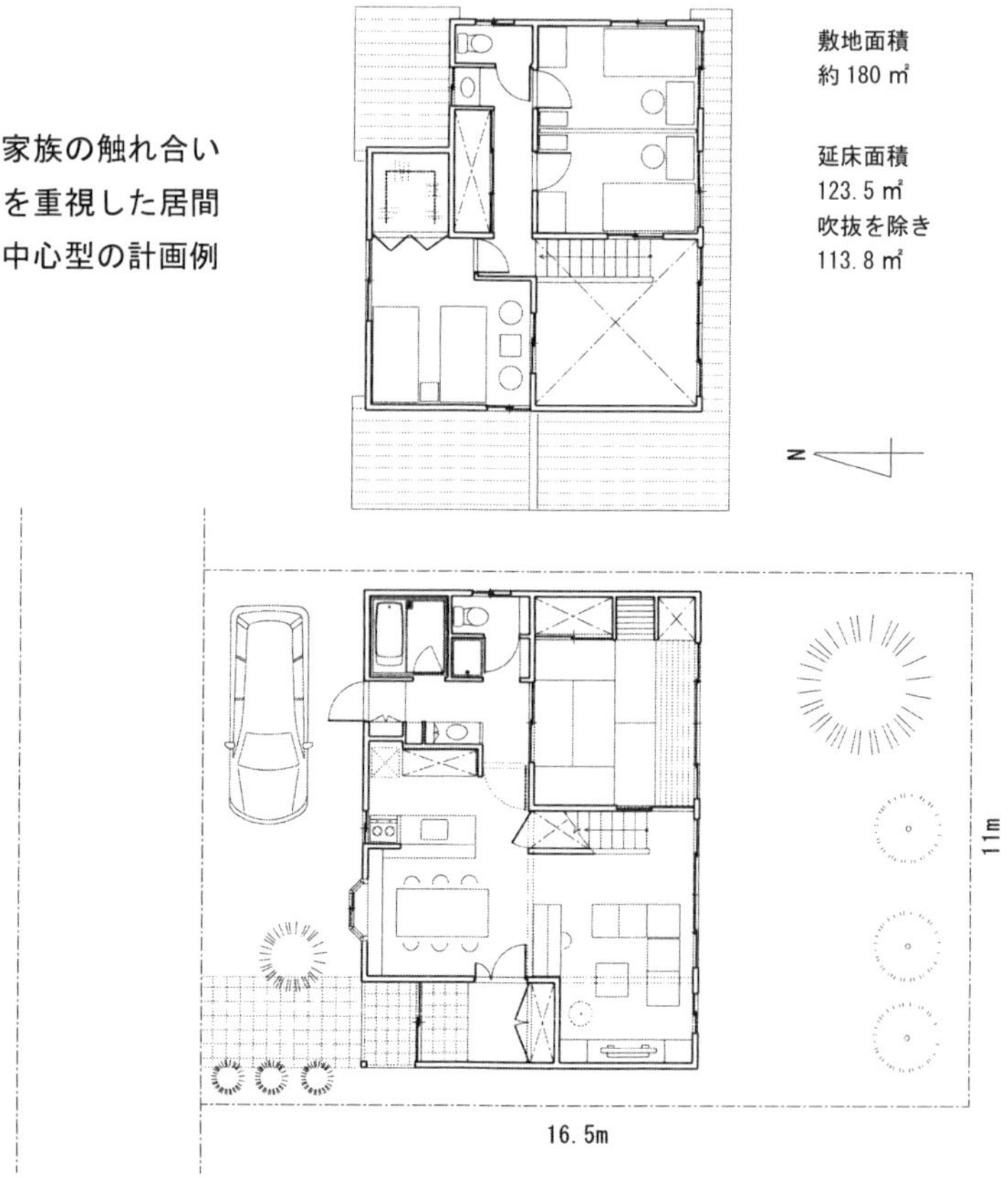

図 4-10 間取り例（一般的なタイプ）

居間中心型。ダイニングの出窓を北側に向けることで、通りの景観や自然な見守りに配慮している。また、将来の高齢者の在宅介護を想定して、家族不在でも訪問介護者が自由に出入りできるように裏口を設け、LDKとは分離できる。その時に、和室は洋室に改造し、トイレ等は引戸に変更することが想定される。

間口が狭い場合の計画例

敷地面積　約 126 ㎡
延床面積　113.9 ㎡
吹抜けを除き 109.1 ㎡

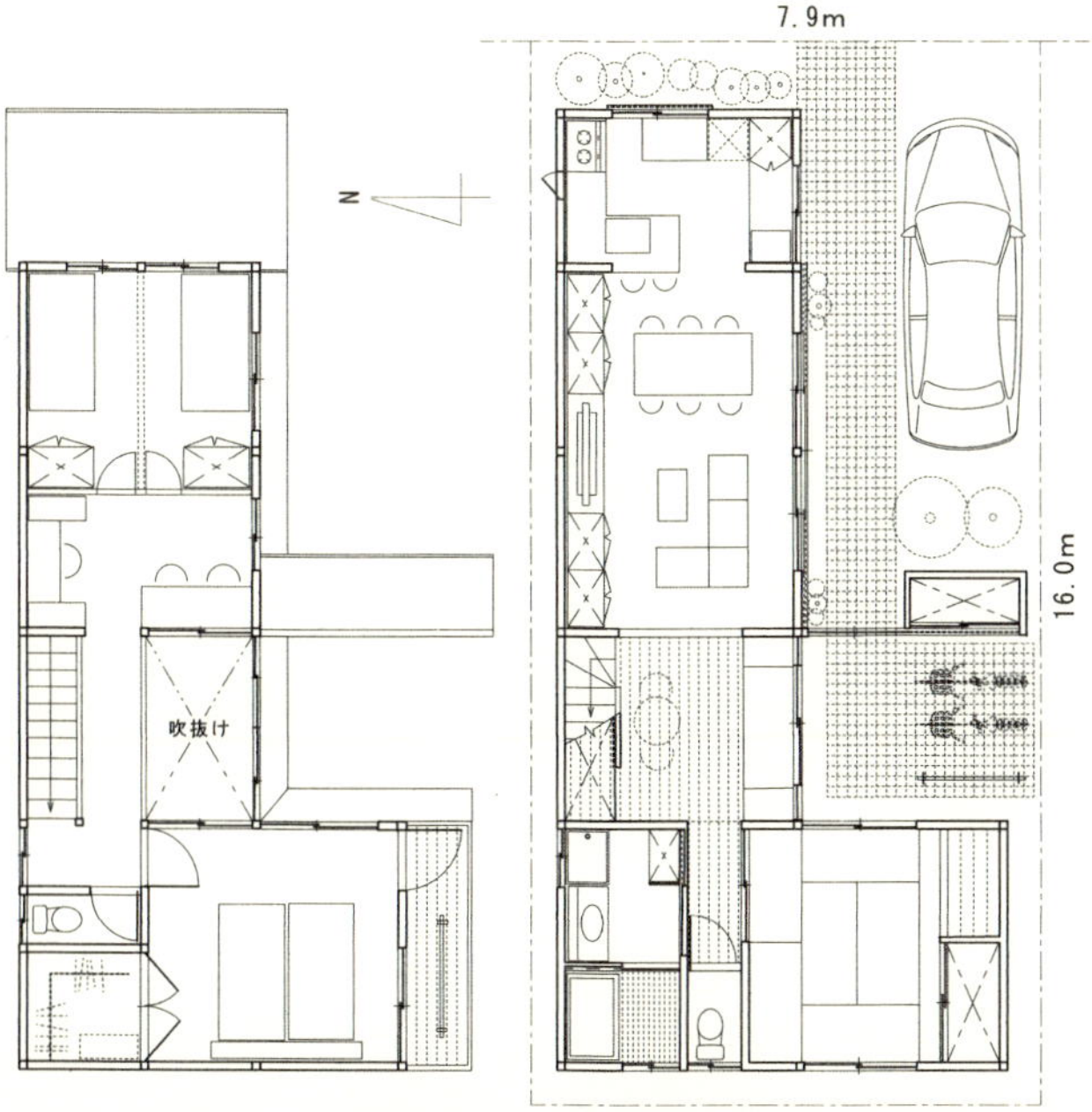

図 4−11　間取り例（間口狭小敷地タイプ）

動線をホールに集めることで、家族の様子が互いに分かるように計画。台所から格子窓を介して通りと情報交流がある。また、気軽に出入りできるように台所脇に通用口を設ける一方で、正式な門と玄関は、奥に設けてハレの暮らしに対応している。高齢者の生活や介護に配慮して、将来洋室に改造できる和室を設け、水回りを近くに配置するとともに、直接出入りできるように配置している。

注

[1] 滋賀重列「住家(改良の方針に就いて)」『建築雑誌』196号から202号(1903)に連載。

[2] 非行少年少女445名と、一般少年少女816名を比較したもので、一般の勉強部屋保有率82%に対して、非行群は、46%と明らかな違いがあった。もっとも、現在の眼でみれば、子どもの教育に無関心な家庭で非行が多い、または、非行少年少女は勉強しないという理由であった可能性が大きく、このデータから子ども部屋が非行を防ぐと主張するのは早計であったように思われる。東京都『中流階層の青少年問題』1964。

[3] 日本子どもを守る会編『子ども白書1980年版』草土文化、1980。

[4] 外山知徳『住まいの家族学』丸善、1985。また、住宅総合研究財団『すまいろん』特集「子供部屋」1990年夏号において、筆者が司会をした座談会でマスコミ対応の難しさを指摘している。

[5] 宮脇檀『新・3LDKの家族学――子どもに個室はいらない』グロビュー社、1982。

[6] 松田妙子『家をつくって子を失う:中流住宅の歴史――子供部屋を中心に』住宅産業研修財団、1998。

[7] 黒沢隆『個室群住居――崩壊する近代家族と建築的課題』住まい学大系88、住まいの図書館出版局、1997。

[8] 山本理顕『新編　住居論』住まい学大系54、住まいの図書館出版局、1993。

[9] 大阪ガスのNEXT21実験集合住宅で、建築設計事務所シーラカンスが提案した住戸(1992)。廊下から直接入る個室を4部屋設けて家族一人ひとりが住む。その個室の奥に共用のコモンスペースがある。

[10] 難波和彦は、1995年に始まる「箱の家」と題した一連の住宅作品において、気配が感じられる空間づくりを進めている。『箱の家に住みたい』王国社、2000。

[11] 上野千鶴子『家族を容れるハコ　家族を超えるハコ』平凡社、2002。

[12] 鈴木成文『51C白書』住まい学大系101、住まいの図書館出版局、2006。

[13] 鈴木成文他5名『「51C」家族を容れるハコの戦後と現在』平凡社、2004。この他にnLDK論の参考

になる書籍として、篠原聡子他『変わる家族と変わる住まい――「自在家族」のための住まい論』彰国社、2002。

［14］山本理「記号化にすぎぬnLDKにも水面下の変化」住宅総合研究財団『すまいろん』2008年秋号。

［15］青木潤之助「住意識の変容プロセスに関する研究」千葉大学修士論文、2009。

［16］青木正夫他『中廊下の住宅――明治大正昭和の暮らしを間取りに読む』住まい学大系102、住まいの図書館出版局、2009。

［17］鈴木義弘・岡俊江他「居間中心型住宅普及の動向と計画課題に関する研究」住宅総合研究財団研究論文集35、2008。

［18］奥出直人『アメリカンホームの文化史――生活・私有・消費のメカニズム』住まい学大系18、住まいの図書館出版局、1988。

［19］日本におけるユカ座の意義を詳しく解説した文献として、沢田知子『ユカ座・イス座――起居様式にみる日本住宅のインテリア史』住まい学大系66、住まいの図書館出版局、1995。

［20］初見学・鈴木成文「住居における公室の計画に関する研究」『住宅建築研究所報』8、1982。

［21］住環境研究所編『さらばLDK』小林秀樹他による執筆、1986。

［22］江上徹他「リビングルーム文化をめぐって」住宅総合研究財団『すまいろん』1992秋号。

［23］小林秀樹『集住のなわばり学』彰国社、1992に詳しい。

第5章　三世代同居の深層心理

標準的な家族とは異なる住まい方に焦点をあててみよう。本章では三世代同居、次章ではルームシェアを取り上げる。

1　三世代同居におけるナワバリ争い

「老いては子に従え」

「老いては子に従え」ということわざがある。もともとは女性の心構えを示した言葉だが、今日では男女の別なく使われており、円満に暮らしていくためには、何ごとにも老いては子に従うことが秘訣であるという意味だ。実は、この言葉は、親子同居におけるナワバリ争いを鎮めるための名言だ。

同居生活においては、住まいの主導権が、あるときに、老いた親から子世帯に移行する。というより、いかに円滑に移行できるかが知恵のしぼりどころになっている。

もちろん、主導権の移行は、簡単なことではない。私の知り合いの農家では、頑固な親父とその長男が、住まいの維持管理から農業のやり方全般にわたる主導権をめぐって、とっくみあいの大げんかをした。その結果、長男に主導権が移行したが、なんと、長男が四十歳代のことだ。まさに、主導権を奪い取るという言葉が相応しい。しかし、大げんかの後は、頑固親父の面影はどこへいったのか長男に従って円満に暮らしている。その農家には恐縮だが、何となく、サル山のボス争いを想像させる。順位制集団における通過儀礼のようなものだ。

その一方で、さっさと長男に後を譲って、自らは隠居生活を楽しんでいる老人の話も聞く。このように、主導権の移行のあり方は様々だが、最後は、「老いては子に従え」になることで暮らしが安定することは共通している。

今日でも健在な嫁と姑の主導権争い

主人の交代以上に興味深いのは、嫁と姑の主導権争いだ。

今日のように、親も子もサラリーマンになると家業についての主導権争いはなくなる。しかし、嫁と姑の争いは、昔も今も変わらない。最近では、二世帯住宅と呼ばれ、台所が二つあり親子世帯で生計を分けた同居住宅が増えているが、そこでも嫁と姑の主導権争いは健在だ。

嫁と姑の関係は、テレビドラマの定番だ。たとえば、野際陽子が姑を演じ、山口智子がキャリアウーマンの嫁を演じて高視聴率をマークした「ダブルキッチン」（ＴＢＳ、１９９３）が有名だ。同じく野際陽子と江角マキコの悲喜こもごもの暮らしが話題となった「地獄の沙汰もヨメ次第」（ＴＢＳ、２００７）も記憶に新しい。これらは、いずれも、台所が二つある二世帯住宅を舞台としたドラマだ。もちろん、台所が一つの完全同居を舞台としたドラマも多い。最近では、「隣の芝生」（ＴＢＳ、２００９）があり、泉ピン子と瀬戸朝香の葛藤と、その間に挟まれた夫のふがいなさが世間の主婦を歯ぎしりさせた。

いずれにしても、親子同居における嫁と姑の関係は、「誰が主導権をもつか」に注目することであり、まさにナワバリ学の出番といってよい。同居を考えている読者の方にとっては心強い味方になるだろう。

杓子渡しという儀礼

ところで、姑から嫁への主導権の移行は、昔から重要な通過儀礼の一つであった。地方によって呼び方は違うが、「杓子《しゃくし》渡し」（杓子はしゃもじのこと）が広く使われており、その他、「へら渡し」、「米びつ譲り」、「カカ渡し」（カカは主婦のこと。佐渡地方）などの呼び方がある。これらは、主婦としての地位、つまり「主婦権」の姑から嫁への移行を皆に示す意味があった。この儀礼の翌日から、家の切り盛りは嫁に移り、姑は一切口を出さないとされた。

もっとも、いつこの儀礼を行うかは、家それぞれだ。嫁入り後の早い時期に姑が隠居する場合もあれば、病気で倒れるまで杓子を渡さないということもあった。西日本では、老親は別棟に移動して隠居する風習があり、杓子渡しが早めのようだ。これに対して、東日本とくに雪国では、一つ屋根の下に嫁と姑がいつまでも暮らすため遅目だ。その場合の嫁は、耐えて生活する。周囲が見かねて、姑に対して「老いては子に従え」と諌める。そろそろ嫁さんに杓子を譲りなさいよ、というわけだ。

ところで、このような杓子渡しを、台所の明け渡しと短絡してはいけない。昔の農家や商家では、嫁は貴重な労働力だ。外商もあるし、着物づくり、使用人の世話など、なすべき仕事は多い。現代の専業主婦の感覚で、台所仕事を主婦の仕事とみなすと誤解する。実際、杓子渡しの後も、老いた姑が台所に立つことが少なくなかったようだ。さらに、少し裕福な家であれば、女中や使用人が台所作業を担った。では、何が、「杓子渡し」なのか。それは、決定権の移行だ。家計を預かり、米や食材をどう使い、何をどの程度つくるかを決める権利だ。そして、その決定権の象徴として、家族に食事を配分するときに、主婦が飯盛りをして渡す。飯盛りに使うのが、杓子なのである。

しかし、今日では、このような嫁姑関係の煩わしさを避け、親子同居そのものが大きく減っている。その背景には、人々の意識の変化だけではなく、親から子へと受け継ぐ家業の衰退、さらには、老後の支えを家族から社会へと移していく福祉の充実がある。そこで、まず、今日の親子同居の動向をみてみよう。次いで、その動向を踏まえて現代同居のあり方をナワバリ学から解き明かしてみたい。

2　三世代同居はなぜ減るのか――別居と二世帯住宅の増加

減少する親子同居

結婚した子とその親が同居している比率は、どの程度かご存じだろうか。2010年の国勢調査によると、全国の世帯数のわずか7％強にすぎない。親子同居は一世帯当たりの家族人数が多いから、世帯数ではなく人数でみると比率は上がるが、それでも、15％だ。同居しているのは、6人に1人未満ということだ。

この数値は、戦後から一貫して下がり続けている。ちなみに、わずか十五年前の国勢調査（1995年）では、人数で24％あった。つまり、四人に一人は同居をしていたわけだ。さらに三十年前までさかのぼると、27％になる。

では、親子同居が減り続けている原因は何だろうか。その理由として、親孝行を重視する儒教文化の衰退があるとの説があったが、これは誤りのようだ。今日、別居が当たり前として知られている北欧でも、数世代前までは、親子同居が一般的であった[1]。それが、企業の発達によるサラリーマン化の進展、および人口移動の活発化を受けて同居が減り、今日の姿になったという。日本も同様な軌跡をたどっていることをみると、宗教や文化の影響ではなく、産業化（企業の発達とサラリーマンの一般化）が強く影響しているようだ。では、産業化の進展と同居の減少は、どう関係するのだろうか。

親子同居が減少する理由

その一つは、自営業の衰退だ。昔の同居は、親から子へと家業を受け継いでいくものであった。このため、家計は親子一緒であり同居することが当たり前であった。現在でも農家では同居が一般的だが、同様な理由によるものだろう。しかし、産業化が進み、親も子もサラリーマンになると収入の道は別々になる。それとともに同居する必要は薄れることになる。

もう一つは、高齢者福祉の充実だ。産業化による経済発展は、生活を豊かにするとともに高齢者福祉の充実をもたらすという[2]。というのは、サラリーマン化によって、子どもが実家を離れて就職することが多くなると、子世帯が老親を養う力が弱まる。これを補うために福祉の充実が不可欠になるからだ。同時に、経済が発展すれば、福祉を充実する財政的余裕が生まれる。この相互関係によって、産業化の進展とともに高齢者福祉が充実していくのである。

そして、福祉が充実すると、子どもに頼らなくても老後の生活が成り立つようになる。もし、老親にとって、子どもと同居するために住み慣れた地域を離れなければならないとすれば、同居よりは、実家での一人暮らしを選択するだろう。その結果、同居率は減少していく。

つまり、昔は、老後の生活は、子どもによる扶養によって成り立っていた。それゆえに同居が当たり前であった。逆に、子どもを産み育てることは、自分の老後の安心のために不可欠であった。不運にして子宝に恵まれなければ、親族から養子を迎え入れた。しかし、今日、このような家族単位での老後保障のあり方から、国家単位での老後保障へと転換した。別居化が進むのは当然なのである。

少子化の原因は福祉政策のミス

余談だが、このことは少子化の進展と関わっている。というのは、「子どもがいないと老後の生活が成り立たない」時代から、「子どもがいなくても老後の生活が成り立つ」時代へと移行すれば、子育てしたり養子を迎えたりすることが必須ではなくなると考える人々が増えるからだ。

もちろん、結婚して子育てしたいという願望は今も強いが、良縁に巡り会えなければ我慢してまで結婚しようとしない傾向がみられる。とくに収入格差の進展が結婚をためらわせる。さらに、結婚したとしても、働きながら子育てするのは無理だと、子どもを産みたくても産めないカップルも出てくる。今日の予想を超えた少子化は、このような状況を個人の自由な選択だと許容する余裕を失わせつつある。

仮に、老後の年金が、本人の現役時代の積立金であるならば、少子化と年金制度は無関係だ。しかし、現実はそうなっていない。現役世代が支払う保険料や税金が年金の一部を支えている。このため、子育てから遠ざかることは、自らは子育て費用を負担せずに老後福祉の恩恵を得るという点で、経済収支だけからみれば有利になってしまう。もちろん、これは、老後は国が支えるという前提があって成り立つことだ。

ライフスタイルの選択に中立な制度にする

では、どうすればよいのだろうか。道は二つある、一つは、老後福祉を社会化するならば、子育てについても、それと同じく社会化する道だ。つまり、保育所を十分に整備し、教育費は無料にする。もちろん大学を含めて無料が理想だ。また、シングルマザーでも子育てに苦労しないように支援を充実する。つまり、高福祉・高負担の道であり、いわば北欧型の社会だ。

もう一つの道は、逆に、老後福祉を自助に委ねる道だ。たとえば、年金は、現役時代に積み立てたものを老後に受け取る方式とし、さらに健康保険も民間に委ねる。つまり、国を通した若者世代からの仕送りを期待しない道だ。それも有力な選択であり、いわばアメリカ型の社会だ。

以上に照らすと、日本の現状は中途半端だ。つまり、老後福祉だけを充実して、子育て支援を軽視している。これでは、子育ての経済的負担を大きくし、少子化の隠れた一因になってしまう。

動物のナワバリ学を通して私が学んだことは、動物の行動は、最も少ない労力でエサを確保したり、遺伝子の残しやすさを優先したりする点で、驚くほど合理的だということだ。人間も例外ではない。ときどき聞こえてくる「結婚や子育ては人間の本能であり楽しみだ」という精神論に頼っていては、少子化が進むのは当たり前なのである。

住生活を研究していると、ついつい日本の福祉政策の中途半端さに不満をもつ。大学の授業料の高さにも腹が立つ……筆が滑った。閑話休題。

日本で発明された二世帯住宅

本題に話を戻そう。二世帯住宅をご存じだろうか。これは、「同居しつつも暮らしは別々」という住まいだ。具体的には、一つ屋根の下で、台所二つが特徴だ。

二世帯住宅は、1970年代に某住宅メーカーが、嫁と姑の気遣いを避ける新しい同居スタイルとして提案したことがきっかけで広まった。今日、大都市を中心に普及している。大都市が多いのは、地方では、完全同居にするか、あるいは、敷地に余裕があるため別棟での隣居が多くなるからだ[3]。

なぜ、二世帯住宅が支持されるのだろうか。これに関して、旭化成の二世帯住宅研究所が注文住宅を建てた世帯を対象に継続調査をしている。その結果をみると、時代の変化が伝わってきて興味深い。最初の調査は、バブル経済の余韻が残っている1994年。もう一つの調査は、それから十年が経過し、介護保険が始まった後の2005年のものだ[4]。

同居の理由をみると、この十年間で大きく減ったのが「子世帯が独自に家をもつことが困難」という理由だ。バブル時代には、子世帯が大都市で家を買うことは難しく、二世帯住宅の普及を後押しした。しかし、今日、住宅価格は下落した。このことを如実に示す結果だ。これに代わって増えたのが、「家事育児で協力しあえる」で、なんと14%も増えている。つまり、共働き世帯にとって、子育て支援を期待して同居する例が増えていることを示している。とくに、気兼ねなく親に頼める娘夫婦との同居でこの理由が多い。

一方、「親の老後を考えて」は、子世帯からみた同居理由の1位を維持しているが、次第に減少している。同様に、親世帯からみた「自分たちの老後を考えて」という理由は、なんと1位から3位に大きく後退している。代わって「親子孫の三世代で楽しく」がトップに躍り出ている。

このような十年間の変化は、何を意味しているのだろうか。

強制的同居から選択的同居へ

1994年の調査では、「ギブ&テイク」の関係が強く感じられる。つまり、親は老後の安心を求め、その代わりに、土地の提供や育児協力をするという関係だ。そうしないと親の老後が困るということだ。いわば、必要に迫られた「強制的同居」といえる。これに対して、2005年になると、三世代同居の楽しさが前面に出ており、強制的な関係が薄らいでいる。なぜだろうか。おそらく、2000年4月に介護保険制度が導入されたことの影響が大きい。

この影響を考えるために、老親が安心して暮らすための三つの条件を整理しておこう。一つは、「情緒」が満たされることだ。たとえば、孫がいると寂しくないとか、あるいは、趣味や生き甲斐があるということだ。もう一つは、「介護」だ。つまり、体が不自由になっても暮らしていけるという安心感だ。そして、最後が「経済」で、老後の生活費が賄えるということだ。

この中の経済は、年金制度の充実によって子世帯の役割は低下した。そして、2000年の介護保険の導入によって大きく変化したのが、介護の負担だ。これにより、とくに親世帯からみて、「自分の老後を考えて」子どもと同居せざるを得ないという負い目が薄らいだのである。

その結果、最後に親子同居に残されたものは、情緒の役割になった。これが、「三世代同居の楽しさ」が1位に躍り出た理由である。つまり、年金制度と介護保険によって、親子同居は、強制ではなく楽しさを求めて自由に選択できる住まい方の一つになった。つまり、「選択的同居」の関係に変化したのである。選択的とは、同居が嫌になったら気軽に別居すればよいという関係のことだ。このことは、心理学でいうところの「対処可能性」の感覚を高める。これは、イザとなれば別居できるという逃げ道（対処可能性）があれば、実際にそれを実行しなくてもストレスが軽減されるという心理的働きのことだ。親子同居が選択的関係へと変化したことは、互いのストレスを軽減し、満足度の向上につながるのである。

強制的関係が残る子育て支援

しかし、親世帯側ではなく子世帯側に強制的な同居理由が残っている。それが子育て支援だ。現在、母親が働きながら子育てする環境は十分ではない。このため、親に子育て支援を期待せざるをえない。この場合、もし親の支援がなくなれば、仕事と子育ての両立は容易ではなくなる。

一方の親側にとっても、孫の面倒をみるのは楽しみとはいえ、常時となると苦痛になる。やはり強制的関係はストレスを招く。先に、娘夫婦同居で子育て支援の理由が多いと紹介したが、自分の娘であれば多少のストレスが我慢できるからだろう。しかし、嫁と姑の関係となると気を遣うのが現実だ。

理想は、保育所などが十分に整備されることで、子育て支援による同居も選択的関係になることだ。つまり、老親が孫の世話を大変だと思えば、気軽に保育所に頼めるような社会だ。子世帯が仕事で帰宅が遅ければ祖父母が保育所に迎えに行く。そこで夕食を食べさせれば、家族の温かさを孫に伝えることができる。そうなれば、親世帯は孫の世話を楽しむことができるし、また、子世帯にとっても気軽に親に頼むことができるようになるだろう。

3　三世代同居のナワバリを調べる――娘夫婦同居に多い役割分担型

同居住宅の5タイプ

親子同居におけるナワバリを調べてみよう。

まず、同居住宅のタイプを整理しておこう。図5-1は、親世帯と子世帯の分離度に従って、完全同居から、別棟の隣居まで五つに分類したものだ。二世帯住宅は、部分同居から隣居までを指していることになる。

これらの中で、同居と隣居の境目はどこかというと、玄関が一緒か別々かにある。というのは、自分のナワバリか否かは、出入りを管理できるかどうかにあるからだ。玄関が一緒だと、息子が夜遅く帰ると祖母が眼をさましてしまうなど心理的な一体感が強い。逆に、玄関を別々にすれば、仮に風呂が共用であっても、隣居とみなすことができる。

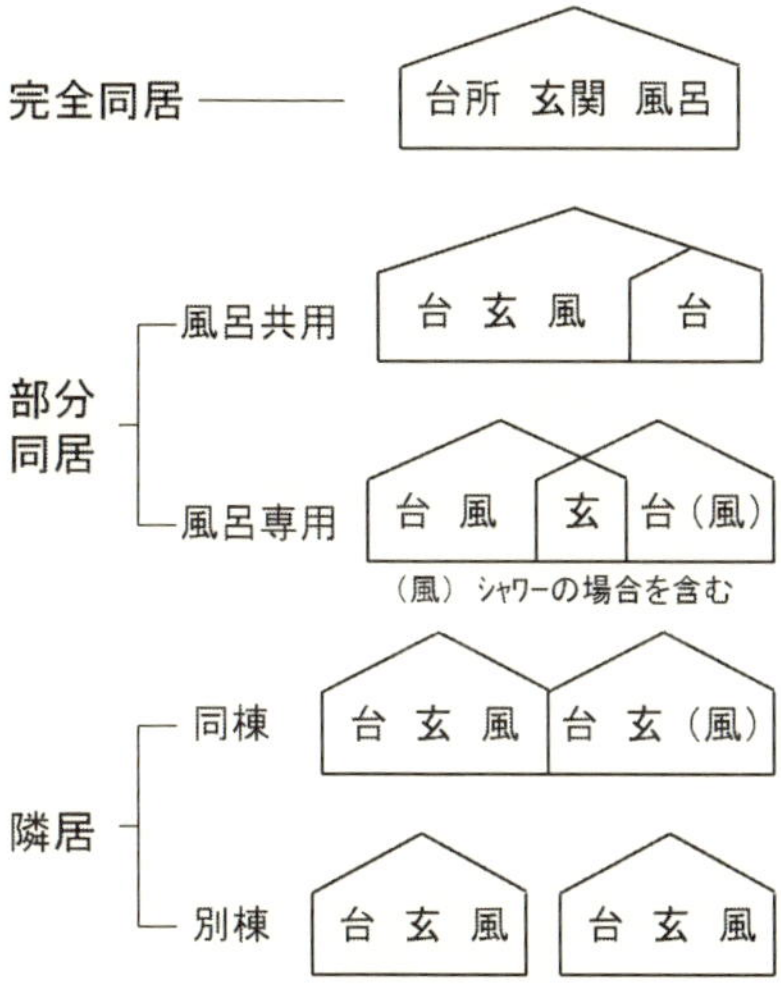

図5－1　同居住宅のタイプ

隣居でもナワバリ争いは生じる

ところで、玄関から風呂まですべてが別々の隣居ならば、ナワバリ争いはおきないはずだ。そのほうが、互いに気楽なことは確かだろう。しかし、その気楽さがときにはマイナスになることもある。

前述したテレビドラマ「ダブルキッチン」は、題名の通り、隣居（同棟）の二世帯住宅を舞台にしている。姑の野際陽子は、何かと子世帯に干渉したがる。一方、雑誌編集者である嫁の山口智子は、それに翻弄されてカリカリするというストーリーだ。当時、私は二世帯住宅の研究を進めていたが、このドラマは、二世帯住宅に対する親子の意識のズレをうまく描いていて感心したことを覚えている。

親子の意識のズレとは、親世帯にとっては、二世帯住宅は同居の延長であり、一方の子世帯にとっては別居の延長というズレがあることだ。親は、同居だと思うから、ついつい子世帯に干渉してしまう。野際陽子は、ベッドカバーを買ってあげたり、冷蔵庫に野菜や肉を補充してしまったりするが、共働きで大変そうだからという好意なのだ。しかし、嫁の山口智子からすれば、別居という意識だから、自分のナワバリを侵されたようでイライラしてしまう。

さらに、山口智子は別居と思っているから、親の家にそれほど顔は出さない。そうすると、野際陽子は、冷たい嫁だとイライラしてしまう。このように、姑は同居、嫁は別居という意識のズレを実にうまく描いていた。

本当は、どっちもどっちで中間がよいのだが、そこはドラマ。両者のズレを極端に描いている。しかし、そこに二世帯住宅の真実が隠されていたために高視聴率につながったのだろう。最近では、野際陽子と江角マキコによる「地獄の沙汰もヨメ次第」（TBS、2007）が放送されたが、やはり、中庭を挟んで台所が二つある隣居の住まいが舞台だ。もちろん、生活空間が分かれているから住まいのナワバリ争いは生じない。しかし、家のまわりは共用の場だ。子世帯の前の道路を野際陽子が掃除しながら、道路の掃除をしない嫁の愚痴を言うのも、立派なナワバリ争いの場面なのである。

このように隣居であっても、嫁と姑の関係は永遠の課題だ。まして同居となれば、ナワバリ争いは日常の風景となる。

玄関のしつらえの決定者が重要

親世帯と子世帯のどちらに主導権があるかを調べるには、どうすればよいのだろうか。夫婦のナワバリ（第2章）では、居間と座敷のしつらえの決定者に着目した。しかし残念なことに、親子同居では、その方法が使えない。というのは、座敷が祖父母の寝室を兼ねることが多く、主導権に関わりなく祖父母が決定者になりやすいからだ。

そこで、各部屋のしつらえの決定者とインタビュー時の親子の力関係の印象を照らし合わせてみた。そうすると、最もよく一致していたのが、玄関のしつらえの決定者であった。

たとえば、関東近県の元農家で、居間のしつらえの決定者が「嫁」で、玄関のしつらえを「祖父」が決めている家があった。子世帯は夫婦とも公務員であり、自給程度の農業はもっぱら祖父母が行っていた。地域の集会で家を代表するのは、もちろん祖父であり、住まいの名義や増改築の決定者も祖父であった。つまり、主導権は明らかに祖父にあった。しかし、祖父は、居間のしつらえには無頓着で、もっぱら玄関や庭を大切にしていた。この例のように、玄関を家の象徴として大切にしている例は多い。つまり、対外的にその家を代表する者が、玄関の決定者になりやすいのである。

生計負担者のもつ意味

では、家計の主な支出者（生計負担者）に着目するのはどうだろうか。私は当初、生計負担者が、住まい全体のナワバリの支配者であるという仮説をもっていた。しかし、これは見事に外れた。

たとえば、家計を子世帯が負担している場合で、「嫁」ではなく「姑」が主導権を握っているケースが多々みられた。姑は、自分の息子が稼いだお金だから、自分が権利をもつのは当然だという意識であった。嫁が我慢している様子が目に浮かぶようで、若い女性が完全同居を嫌う理由がよく分かる。そういえば、テレビドラマ「隣の芝生」も、このパターンであった。姑の泉ピン子は、自分の息子が稼いだお金だから、嫁の瀬戸朝香が使うと嫌みを言う。困った嫁は、なんと自分の実家にお金を工面に行くのだ。世間の主婦の同情が、瀬戸朝香に集まるのも当然だ。

この例から分かるように、親子同居は、親世帯と子世帯という単純な関係ではなく、そこに、実の子とその嫁（または婿）という関係が重なる。このため、主導権争いが複雑になりやすいのである。この争いを避ける知恵が、昔の「杓子渡し」という儀礼であった。これにより、姑から嫁への主婦権の移行を円滑にしたわけだ。しかし、現代では、このような儀礼が廃れる一方で、それに代わる知恵も乏しい。

もし読者の方で同居する方がいらっしゃれば、現代版の「杓子渡し」の宣言を家族で工夫するのはどうだろうか。「本日を境にして、私から嫁に主婦権を譲ります。今後は、一切口を出さないから思い通りにやって・・・」と、家族で盛大なパーティをするわけだ。

台所が老母の管理領域になっている例

もう一つ意外であったことは、杓子渡しのイメージから、台所のしつらえの決定者が、姑と嫁の主導権を表すと予想していたが、必ずしもそうではなかったことだ。その理由は、子世帯が共働きで、老母に家事を任せているケースがあるためだ。具体的には、住宅の名義も住宅全体の決定者も子世帯側にあるにもかかわらず、台所のしつらえや食器等をしまう場所のみ、老母が決める例がみられた。

これは、ナワバリ学では、「管理領域」と呼ぶものにあたる。たとえば、個人会社における夜間管理人を想像するとよい。会社の建物は、社長であるオーナーのものだ。しかし、管理人は、仕事の一環として、夜間に建物を自己のナワバリとして管理している。このように真の所有者から受託しているナワバリを「管理領域」と呼ぶ。この事例でいえば、住まいは子世帯のナワバリだが、台所は老母の管理領域になっているということだ。

前述したように、昔も「杓子渡し」が済んだ後に老母が台所仕事を行うことがみられた。これも、管理領域の表れということができる。

親子同居のナワバリの6タイプ

さて、以上を踏まえ、親子同居の六つのタイプを導いた。これら6タイプは、親子の生活の分離度（食事をどの程度一緒にするか、生計がどの程度分かれているか）と、主導権がどちらにあるかという二つの軸によって判定できる（図5-2）。同居されている読者の方がいらっしゃれば、どのタイプになるかを考えながら読まれるとよいだろう。
①**支配型**　親子一緒に夕食をとる場合で、かつ親世帯側が主導権をもっているタイプ。子世帯の年齢が若い場合によくみら

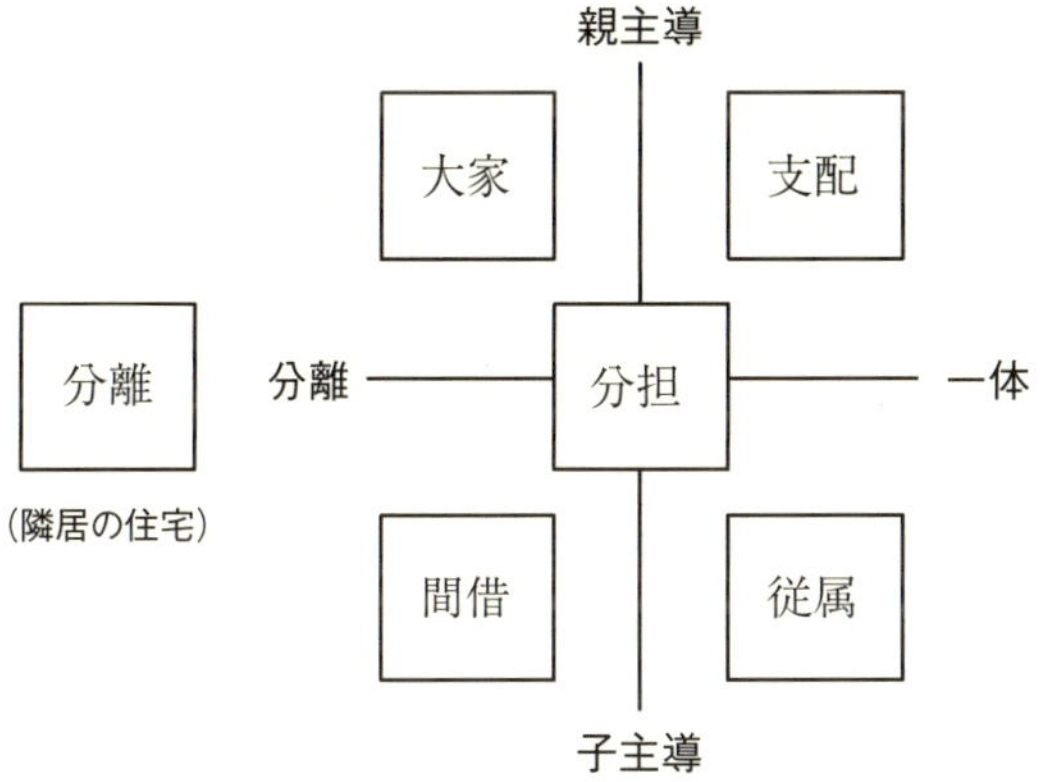

図5－2　三世代同居のナワバリの6タイプ

れる。なお、生計負担者が息子であっても、姑が仕切っている場合は、この支配型と判定される。

②**従属型**　支配型の逆で、子世帯（嫁）側に主導権があるタイプ。いわゆる「老いては子に従う」住み方で、老親の年齢が高いか、あるいは老親が一人になった場合に典型的にみられる。老親が衰えて自活が難しくなると、すべてのタイプがこの従属型に移行する。

③**大家型**　親側が主導権をもつが、食事を別々にするなど生活の分離度が高いタイプだ。台所を二つ設けた部分同居に多くみられる。いわば、親がアパートの大家さんで、子世帯が間借り人のイメージに近いため、大家型と名づけた。

④**間借型**　大家型の逆で、親側がアパートの住人のような住み方。高齢だが元気な祖母が、祖父の没後に子世帯の家に同居する場合に典型的にみられる。祖母は、食事をミニキッチンで別につくって食べている。なお、インタビューでは、嫁と姑が不仲な印象を受けるケースが複数みられた。

⑤**分担型**　完全同居だが、親子が対等な役割分担をしている住み方で、生計を子世帯が負担し、家事育児を老母が担っているケースが典型。共働きの娘夫婦同居に多くみられる。昔の調査時（1988年）は三例（約1割）だけであったが[5]、今日では、働く主婦の一般化により増えている。

⑥**分離型**　親子が、生計も生活も別々にするタイプ。結婚後に別居していたが、家を二世帯住宅や隣居に建替えて同居したケースによくみられる。親世帯も自活しており、親の年齢は比較的若い。

さて、以上の6タイプについて注目したいことは、一つは、娘夫婦か息子夫婦かで異なること、もう一つは、老親の加齢によって変化することだ。順にみていこう。

娘夫婦か息子夫婦か

東京で調査したところ、娘夫婦との同居が3分の1あった。大都市では、地方から出てきた男性と、地元の女性が知り合って結婚するケースが多い。その結果、娘夫婦同居になるわけだ。ただし、養子に入るわけではないので名字が異なり、表札が二つ掛かっている。漫画サザエさんも、このような娘夫婦同居の典型だ。親の名字は磯野だが、サザエさんの名字はフグタだ。

興味深いことに、娘夫婦と息子夫婦では、同居の住み方が異なる（トピックス3）。将来同居を考える場合は、このことを踏まえて、同居スタイルを選択するとよいだろう。

息子夫婦の場合は、完全同居で親に主導権がある「支配型」から始まって、親が年老いるとともに「従属型」へと移行する住み方が定番になる。このときに、繰り返し述べたように主婦権の移行、つまり支配型から従属型への転換を円滑にすることが大切だ。この場合の住まいは、大家族が住む一般的な間取りになるが、ミニキッチン程度は設けたほうが柔軟な住み方ができる。また、嫁姑関係を避けて二世帯住宅や隣居住宅として「分離型」の暮らしにする選択もあり、これは大都市に多い。さらに最近では、マンション内隣居や近居も増えている。このような「分離型」の場合は、後で述べるように将来の変化に配慮することが大切だ。

一方、娘夫婦同居の場合は、子世帯が共働きならば、祖母に家事育児を任せて完全同居する「分担型」とする選択がある。実際、娘夫婦同居では、このパターンが典型だ。しかし、ここで注意することは、祖母の負担だ。子育てが終わってやれやれと思っていたら、今度は孫育てか・・・と負担に感じることがある。よくある娘の勘違いは、孫の世話は楽しいはずだと思い込むことだ。祖母だって自由に出かけたいと思う。時々の世話は楽しいとしても、毎日の世話となるとストレスになる。やはり、親子で分担する気持ちが大切

トピックス3　親子同居調査

旭化成へーベルハウス二世帯住宅研究所は、親子同居を継続して調査している（図5-3[6]）。

同居相手の想定（複数回答あり）をみると、親の年齢が若いと娘夫婦が増え、五十歳代では半数に達している。今後、娘夫婦同居が増えることを示している。

また、娘夫婦同居のほうが、親が子育ての支援をし、さらに食事も一緒にする傾向が強い。これに対して、息子夫婦同居は、生活を分離する意向が強い。この結果は、ほぼ筆者らの現地調査と同じだ。今後は、娘夫婦同居による嫁姑関係を気にしない完全同居が増えることを予感させる。

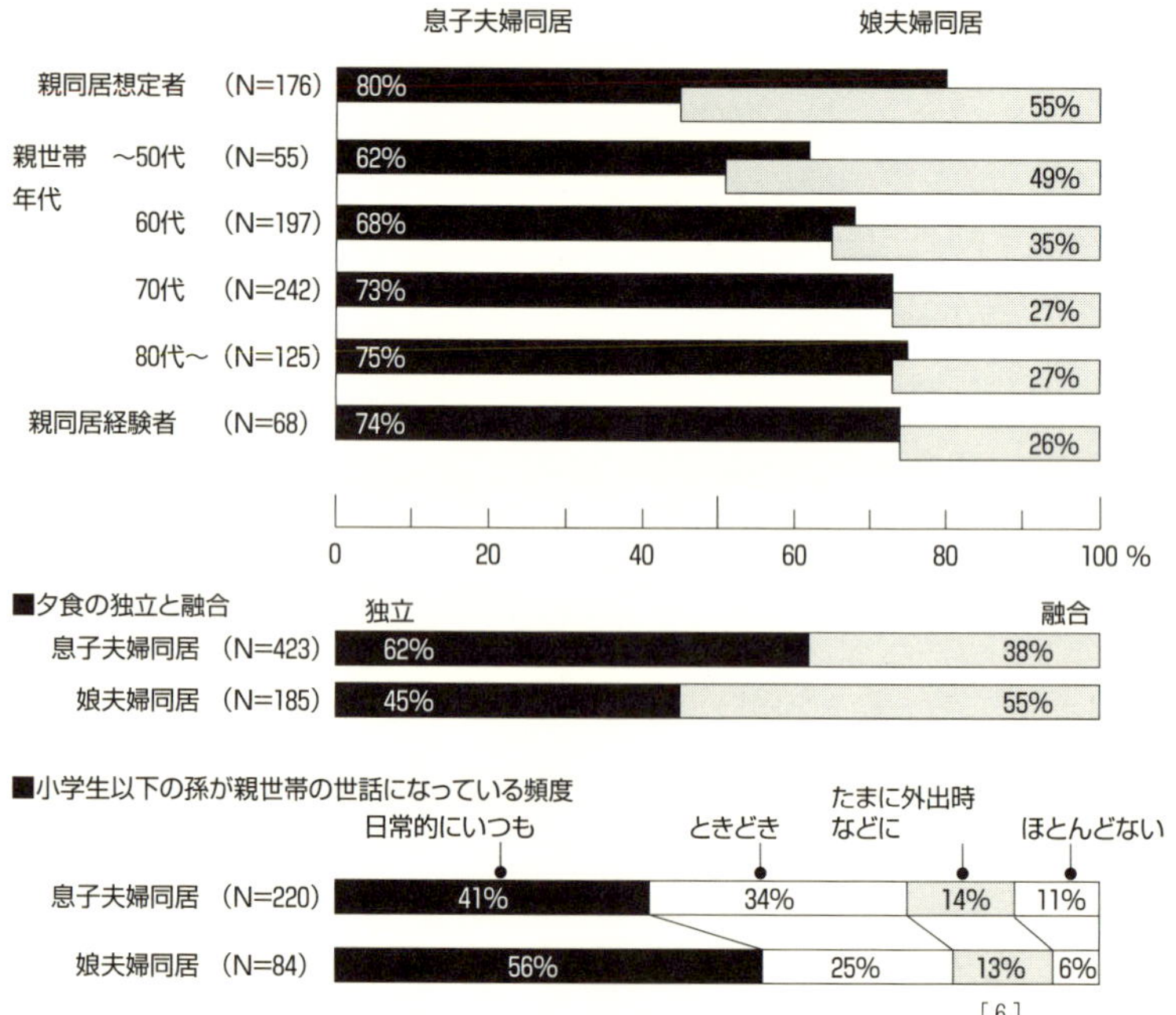

図5-3　娘夫婦同居と息子夫婦同居の特徴（旭化成，2007[6]）

だ。分担型では、少なくとも、土日は祖母の休日にするという配慮が必要だろう。

アパート併用住宅を利用した同居の知恵

ところで、東京の下町で興味深いケースに出会った。それは、アパート併用住宅をうまく利用した親子同居だ（図5-4）。

このお宅は、長年アパートを経営してきた。しかし、子世帯が結婚する際に、アパートの一部屋を子世帯用とし、母屋との間に行き来できる通路を設けた。もともとはアパートだから、子世帯の部屋にも台所や便所がある。現在、この台所は、湯を沸かす程度にしか使っていないが、将来を考えてそのままにしておくという。いつかアパートに戻す日が来るかもしれないからだ。

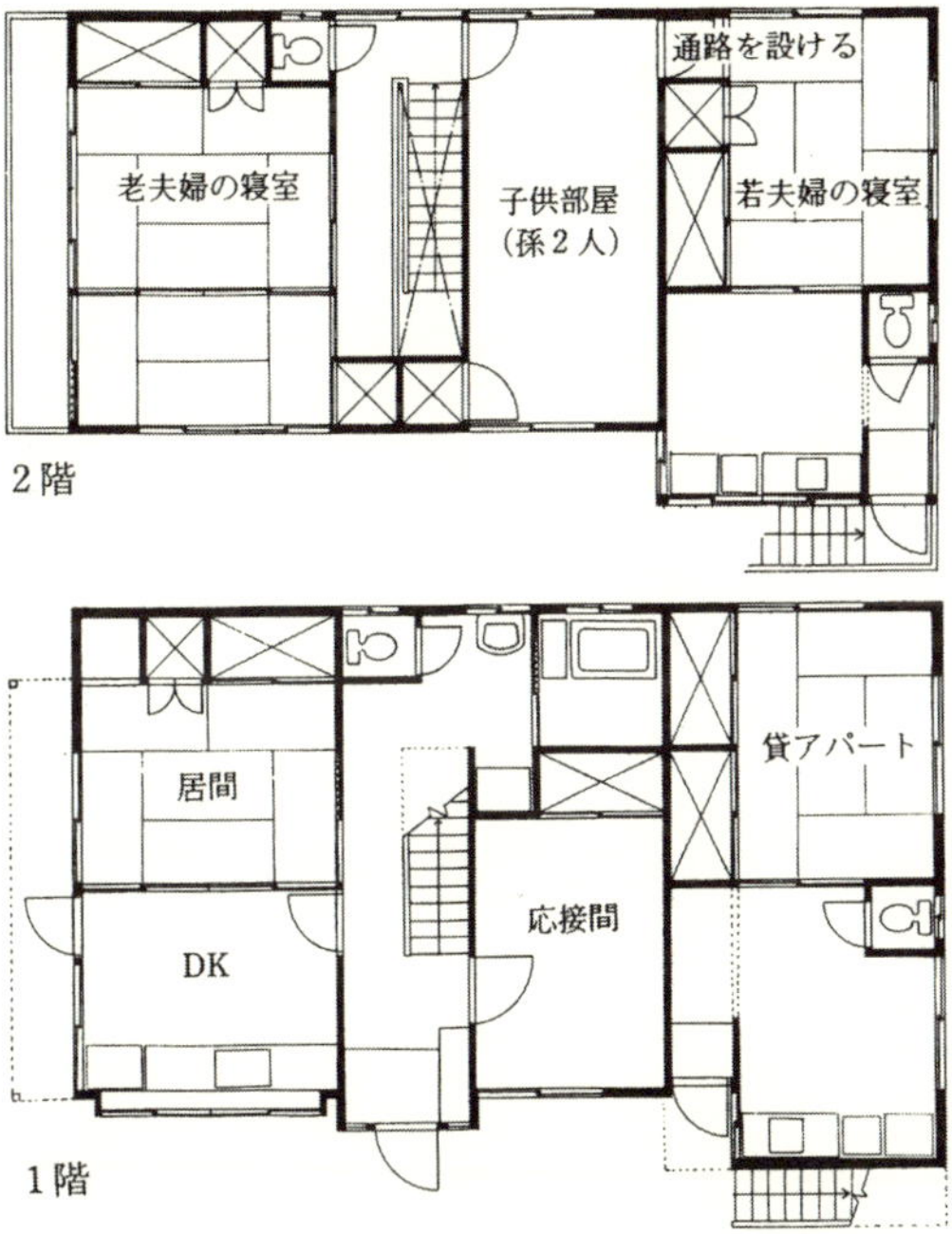

図5-4　アパート併用住宅を利用した同居

アパートの一室に娘夫婦が隣居。孫の成長とともに母屋との間に通路を設けて一体化した。現在は、母屋の台所のみを利用しており完全同居している。
将来、老親が一人になったときに一階応接間を寝室とし、子世帯が母屋の二階に移る予定。空いた部屋をアパートに戻すとのことである。

確かに、二世帯住宅とは、その一つをアパートにも提供できる形式だ。合理的な知恵といえよう。

この事例を発見したのは、二十五年以上も前のことだが、これを雑誌に発表したところ反響があった。その後、都市型のアパート併用住宅の企画で、将来の親子同居にも使えることをアピールするものが登場した。下町の知恵が、世間の支持を得たといってよいだろう。

4　親の加齢による変化と住まい

親の加齢により住み方が変化する

親子同居で最も重要なことは、将来の変化への対応だ。親は加齢によって心身機能が変化するからだ。とくに、祖父母の片方が亡くなると生活は大きく変化する。加齢による変化は、すべての同居世帯に起きることであり、これに間取りがどう対応するかが、住宅づくりのポイントだ。では、どのような将来変化が想定されるのだろうか。大きく三つのパターンがある。

最初のパターンは、前述したように、昔ながらの「支配型から従属型へ」の変化だ。

これは、親が元気なうちは、親が主導権をもつ支配型の暮らしをしているが、老いるとともに、従属型の暮らしに変化するものだ。ナワバリの主導権が、親から子へと自然に移行する点で無理がなく、かつ何世代にもわたり繰り返すことができる変化だ。

住宅の間取りは、多人数が集まれるように食事の場が広いとよい。また、将来は介護サービスを自宅に導入することもあるため、外部から出入りしやすい位置に、老親の寝室が定められる間取りが望ましい。といっても特別な間取りである必要はない。玄関脇に和室を設けた一般的な間取りで十分だ。注意する点としては、老親にはベッドのほうが使いやすいことだ。和室であっても、将来はベッドを使うことを念頭において簡単に改造できるようにしておくとよいだろう。

分担型の将来はどうなる

二番目は、共働きの娘夫婦を中心とした「分担型」の将来変化だ。

分担型では、夕食も親子一緒にとって完全同居しているが、しだいに老親の心身機能が衰えると「従属型」の暮らしに変化していくことになる。

このときに、従来は、親の介護のために共働きをやめる例がみられた。これは、子世帯にとっては大きな負担であったが、２０００年の介護保険の導入によって改善された。これにより、働きながら老親の面倒をみることが可能になった。確かに、現在の介護保険に問題がないわけではない。それは、同居していると掃除や炊事などの家事援助サービスが受けられない自治体が多いことだ。しかし、それでも訪問介護や通所介護のサービスは受けられる。これがあるだけでも、娘が勤めを辞めなくて済むケースは多い。

訪問介護を受ける場合、多少の住宅改造は必要になる。一つは、子世帯が仕事で留守であっても訪問介護者が自由に出入りしやすいような工夫だ。たとえば、子世帯のプライベート空間を鍵で分離できるようにするとよい。もちろん、訪問介護者が信頼できるから鍵は不要だという意見もある。しかし、鍵は訪問介護者を信用しないという意味ではない。子世帯の不在時に汚れが付いたりモノが無くなったりするなどの問題が起きたときに、誤解から相互不信に陥らないようにするための予防措置だ。

もう一つは、老親が動きやすいように手すりの設置やトイレを近くに配置することだ。このような配慮があれば、子世帯が働きながら老親の介護がしやすくなるはずだ。

分離型の将来はどうなる

最後のパターンは、「分離型」からの変化だ。今日、二世帯住宅の普及により、分離型の住み方が増えている。この場合、老親が元気であれば、そのまま分離型の暮らしを続けられる。しかし、問題は、片親になったり心身機能が衰えたりしたときの対応だ。

しばらくは、イザというときの助けがあれば自立した生活を維持できる。たとえば、電球の交換や重い荷物の運搬、そして急病になったときの助けなどだ。このように、「イザというときの助け」を期待できるだけでも、老親の不安は大きく軽減される。それが、二世帯住宅の大きなメリットだ。

しかし、さらに加齢が進行して、自立生活が難しくなるとどうなるだろうか。実は、分離型の二世帯住宅では、この問題への対応が難しい。分離した生活に慣れているため、完全同居への移行が容易ではないからだ。また、子世帯に兄弟がいる場合は、親の土地に住んでいるから親の面倒をみるのは当然だとみられる。嫁にとっては重荷だろう。

この難題に光明を与えたのが、前述した介護保険だ。これによって、隣居のまま介護サービスを導入して暮らすことも可能になった。そして、痴呆による徘徊などで在宅生活が難しくなれば、早めに施設に入所することも一案だ。そのための費用を貯金することが、分離型では重要といえる。

将来が見通せないときの住まいづくり

ところで、諸事情から将来が見通しにくいときは、どうすればよいのだろうか。

答えは簡単だ。特殊な住宅を造るのではなく、二世帯住宅の一つひとつの家が、独立して住める住宅であればよい。しかも、そのうち一つは大きい住宅であることが望ましい。そうすれば、将来、完全同居することもできるし、小さい家は貸すこともできる。立地が良ければ、その家賃で民間介護サービスの費用を賄うこともできるだろう。

では、敷地が狭いため、あるいは資金の制約のために、二つの家が狭くなってしまう場合はどうしたらよいのだろうか。私は、そのような場合は、二世帯住宅をつくることを薦めない。その代わりに、子世帯が近くのアパートを借るか、または、ミニキッチン程度とした広い完全同居の住まいを薦める。そのほうが、将来変化に対応しやすいからだ。いずれにしても、基本は、ゆとりある住まいを一つは確保することだ。そうすれば、どのような社会状況になっても同居の住み方で困ることはないだろう。

まとめ――加齢の変化を踏まえたナワバリ学

その昔、子育てから老後までのすべてを家族が担っていた時代は、完全同居か、それに近い隠居が普通であった。そこでは、親子は生計を一つにして暮らし、それを円滑に営むために自然に順位行動が定着した。たとえば、杓子渡しの儀礼は、親から子へと順位（主導権）が移ったことを確認するための知恵であった。

このような暮らし方は、昭和初期まで続いた。つまり、加齢とともに「老いては子に従う」という従属型の住み方へと移行することが一般的であった。

その後、老後福祉の充実と人びとの意識の変化を受けて、しだいに同居率は低下していった。また、サラリーマンどうしの同居では、生計が分離されるため、台所を二つ設けた二世帯住宅が注目されるようになった。

そして、二十一世紀に入り介護保険制度が整備された。これにより、家族による介護負担は軽減され、強制的同居から選択的同居への変化が生じた。しかし、依然として子育て支援においては、同居しないと共働きに困難が伴うという状況は続いている。

今日、同居の住み方をみると、「分離型」が定着する一方で、働く娘と親が同居する「分担型」が増えている。この両者の場合、注意することは、親の加齢に伴う変化への対応だ。元気な親もいつかは心身機能が低下する。そのときに、昔のような従属型の暮らしに移行しようとしても簡単ではない。というのは、それまで分離型の暮らしをしていれば、いきなり一緒に暮らすといっても抵抗があるし、また、分担型で働く娘であれば、勤めを辞めて親の介護に専念するという選択はとりにくいからだ。

この問題は、介護保険の整備によって改善され、働きながら親の介護をすることも可能になった。このことは、家族以外の第三者、たとえば訪問介護者が家庭内に入り込むようになることを意味する。実際、訪問介護の事業者に家の鍵を渡している家庭は少なくない。このように、第三者が自宅の鍵を管理することは、これからの高齢化社会では一般的になるだろう。これに伴い、住まいは、第三者を受け入れやすいように工夫する必要がある。たとえば、子世帯のプライベート部分を鍵で分離したり、あるいは、老親のベッドの横に介護者の居場所を確保したりできるような工夫だ。

以上が本章のまとめだ。これからの三世代同居を考える鍵は、加齢による変化を踏まえたナワバリ学であるといってよかろう。

注

［1］ スウェーデン王立工科大教授のティーベ氏の講演（1988）より。小林秀樹「親子同居の動向と二世帯住宅」『住宅』1989年3月、2~9頁に紹介している。

［2］ 富永健一『日本産業社会の転機』東京大学出版会。1988が参考になる。

［3］ 五年に一度行われる国の住宅需要実態調査では、親と子世帯の関係を調べており、同居だけではなく隣居や近居の数値が分かる。最新の平成二十年の調査では、隣居世帯（マンション内を含む）は2・5％だが、将来の希望はどうかという質問では7・3％に達しており、今後は増えると予想される。

［4］ へーベルハウス二世帯住宅研究所「二世帯住宅この一〇年。定点観測で振り返る同居意識と実態の変容」同研究所のホームページ等で公表されている。それによると、1994年から2005年への変化は、親の老後を考えたからという理由は、親世帯の回答（58％↓43％）子世帯の回答（67％↓56％）。家事育児で協力しあえるは、親（50％↓52％）子（32％↓47％）。三世代で楽しく暮らしたいからは、親（64％↓61％）子（47％↓44％）。子世帯が家を持つことが大変だからは、親（47％↓32％）子（50％↓31％）。

［5］ 小林秀樹「三世代同居住宅の平面計画論」『日本建築学会関東支部研究報告集』1989、125~128頁。東京台東区と目黒区で15（配布18戸）、関東圏の大手住宅メーカーの建主22（配布45）より。

［6］ へーベルハウス二世帯住宅研究所「親子同居スタイル・多様化の実態」2007。同研究所のホームページ等で公表されている。

第6章 ルームシェアのナワバリ学

最近、複数の単身者が一つの家に住むルームシェア、ハウスシェアと呼ばれる住まい方が増えている。しかも、従来は、友人や兄弟姉妹によるシェアが一般的であったが、今日では、見ず知らずの他人が出会って暮らし始めるかたちが定着しつつある。

その理由として、欧米ではルームシェアが一般的でその経験者が増えたこと、インターネットの発達によりルームメイト募集が容易になったこと、安い家賃を求める合理的な意識が浸透してきたこと、などがある。また、ルームシェアを通して、仲間との触れあいを求める意識の高まりも大きな理由だ。

では、実際のルームシェアの暮らしはどうなっているのだろうか。

1　シェア居住という新しい暮らし方

シェア居住とは何か

最初に「シェア居住」について整理しておこう。この言葉は、家族ではない複数の者が台所などを共用して一つの家に住むことを指す。

このような住まい方は、欧米では一般的だ。英語圏での呼び方は、国によって多少異なるが、住宅をシェア（share）するが共通語である。これに住宅の形式をつけて、一戸建住宅の場合はハウスシェアあるいはシェアリング・ハウスと呼ぶことが多い。マンションやアパートの場合は、イギリス系ではフラットシェア、米国系ではアパートメントシェアなどと呼ばれる。そして、一つの部屋に同居するのがルームシェアである。しかし、これらを総称するうまい言葉がない。米国系では、同居人をルームメイトと総称するが、これは人を指しており、住まいについての言葉というわけではない。

そこで、ここでは幅広く「シェア居住」と呼ぶことにしよう。日本の古い設備共用アパートや学生寮もシェアの度合いが高く、これに含めてよいだろう。また、共用の居間や食堂等をもつコレクティブハウスも広い意味でシェア居住に含めることにしたい。

統計でも確認できる近年の増加

ところで、シェア居住が増加していることは、これをテーマにしたテレビドラマやインターネットの募集サイトの人気ぶりから、おおよそ想像はできる。とくに、木村拓哉と山口智子が出演して大ヒットした「ロングバケーション」（１９９６年）は、ルームシェアに始まり恋に発展する展開が話題を呼んだ。当時は、ドラマの中のあこがれの世界であったが、２００５年に「ルームシェアの女」（ＮＨＫ）、２００８年に長澤まさみらが出演しシェアハウスを舞台とした人間模様を描いた「ラスト・フレンズ」（フジテレビ）が放映される頃になると、身近な暮らし方として普及するようになる。とはいえ、本当に増加しているのだろうか。これを確認するために国勢調査を集計してみた。

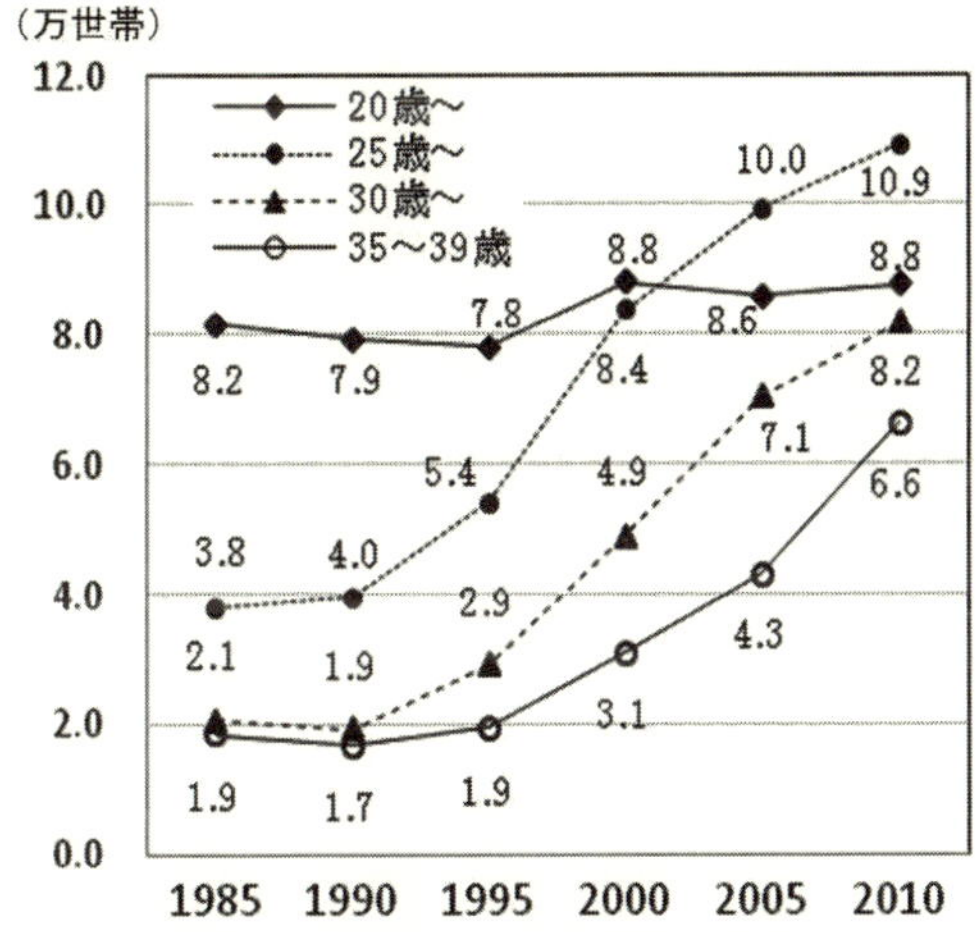

図6－1　若者のシェア居住の世帯数

もちろん、シェア居住ぴったりの統計はないが、非親族世帯と間借りの数から推計すると確かに増加している[1]。とくに、二十五歳から三十五歳の若者の増加が目立つ。また、六十五歳以上の高齢者のシェア居住も急増している（図6-1、6-2）。

ただし、この数値には、男女の同棲が相当含まれている。しかし、性的関係のない男女のルームシェアや高齢者の茶飲み同居が実際に普及しているため、ルームシェアと同棲の区別は難しい。これを統計上区別する方法は現在のところないのが実情だ。いずれにしても、近年になって、シェア居住が急増していることは間違いがない。

単身者の住まいの系譜

都市における単身者の住まいの歴史をみてみよう。都市に単身者が流入するのは明治中頃からだ。当初は、一般家庭での間借りや旅館での長期滞在が普通であったが、しだいに専業の下宿屋が発達する。学生寮や寄宿舎の登場もこの頃からである。下宿屋は食事付きが普通で、加えて建物入口で靴を脱ぐ。このため、建物全体が大きな家といってよいものであった。

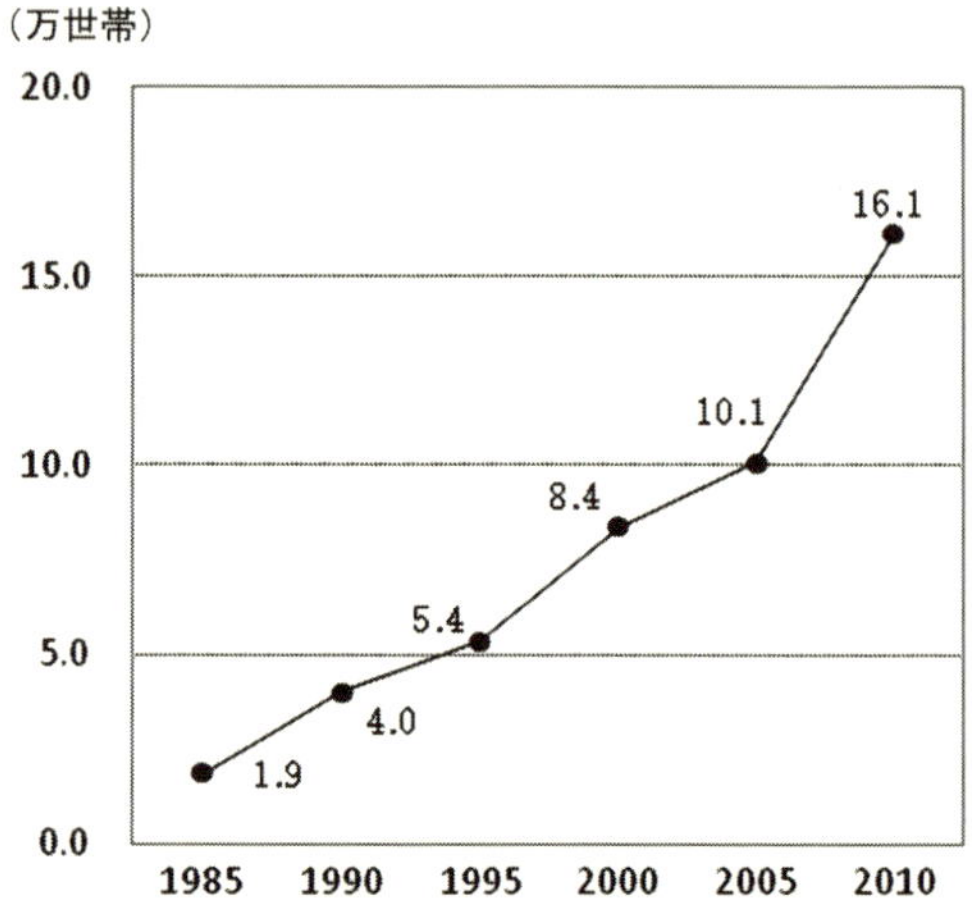

図6－2　高齢者のシェア居住の世帯数

その後、産業の発展とともに中流階級いわゆるサラリーマンが台頭する。その要求に応える住まいとして明治から大正時代にかけて登場したのが、各部屋の独立性を高めた木造アパートだ。それらの中には、各部屋の玄関まで靴で入るタイプも登場した。そして、昭和時代に入ると木造アパートの普及はめざましく、昭和九年の新聞記事によると、プライバシーが守られるとして人気が高く、下宿屋に空きが生じるほどであった。その記事によると、台所は共用で自炊者は32％。多くは近くにある簡易食堂を利用したという[2]。

その後、再び大きな変化を遂げるのが戦後の高度成長期である。住宅設備が順次部屋の中に入り、専用化されていく。最初に室内に入ったのは台所だ。次いで便所が専用化された。最後に残ったのが風呂だ。それも昭和五十年代には、銭湯の衰退と風呂の専用化が進み、今日の単身者向けのアパートにたどり着く。いわゆるワンルームマンションが普及するのも、この頃からである。

以上の歴史は、一言でいえば「シェア居住」を嫌い、各部屋に台所・便所・風呂を完備したプライバシー重視の住まいへの変化といってよい。しかも、建物入口で靴を脱ぐ形式から、各部屋まで靴で入る形式へと変化した。いわば、アパートの廊下は、家の「ウチ」ではなく、家の「ソト」になったのである。

このような系譜の中で、今日、シェア居住が増えているのは、過去の間借りや木造アパートへの逆戻りなのだろうか。それとも、新しい住まい方の登場なのだろうか。

シェア居住が増える理由

シェアハウスの実態を調べてみた。[3] その結果をみると、面白いのは入居理由だ。入居時は家賃が安いことが第一の理由だが（複数回答可で63％）、実際に住んだ後では、「居住者どうしの触れあいの良さ」を評価している（経済性は27％に減り、43％が交流・出会いを評価）。今日、隣人の顔さえ知らないことが多いワンルーム暮らしに比べて、集まって住むことの安心感や、互いに触れあうことの良さを評価しているわけだ。このことは、未婚者が多い若年世代にとって大きな長所になるだろう。また、一人暮らしに防犯上の不安を感じる女性にとっても安心につながる。さらに、単身化が進む高齢世代にとっても注目されるメリットだ。

また、新築ではなく既存住宅を利用したシェア居住が多いことも特徴だ。単身化により広い住宅が余っているため、シェア居住は既存の住宅を有効利用する方法になっているわけだ（図6-3）。

どうやら、かつての間借りや木造アパートとは、都市の単身者がおかれている状況が異なる。過去への逆戻りではなく、新しい住まい方といってよさそうだ。

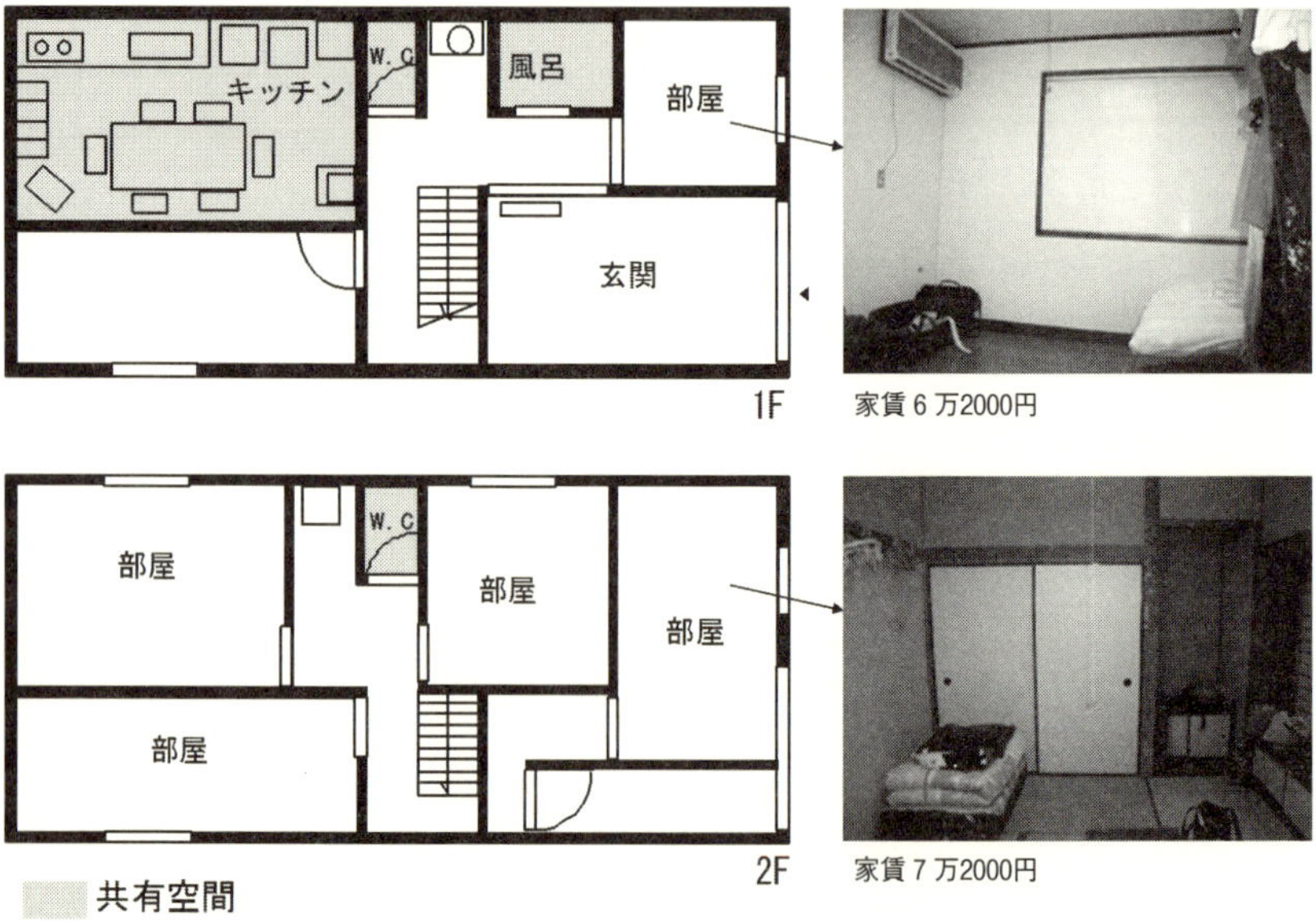

図 6－3　一戸建を改造したシェアハウス（東京：稲葉、丁の調査より）

シェア居住と日本の住空間

ところで、シェア居住の多くは、普通の家を用いている。つまり、特別な住宅設計があるわけではない。しかし、その普通の家が、昔とずいぶん変わってきている。

欧米でシェア居住が早くから定着した理由の一つとして、住まいの特性がある。欧米では、靴を履いたまま家の中に入る。このため、個室から一歩出ると、そこは「ソト」という意識が強いという。加えて、個室に鍵があることが普通で、またシャワーを複数もつ家も少なくない。つまり、一般住宅そのものがシェア居住に向いているわけだ。

これに対して、日本の伝統的な住まいでは、部屋は紙の襖で仕切られ独立性が低い。その中で、一時は「間借り」というシェアが進んだが、プライバシーのなさからしだいに消滅していく。ところが、最近の日本住宅をみると、壁とドアで仕切られ個室の独立性が高まっている。これならば、プライバシーを尊重しつつ、シェア居住ができそうだ。このような住空間の変化が、今日のシェア居住の普及を支えているといってよい。

シェア居住の見取り図

シェア居住には様々なタイプがある。それを整理しておこう[4]。

まず、事業者がいて個室ごとに契約して貸す「シェアハウス」と、個人が一般住宅を借りて自主的に複数人で住む「ルームシェア」を区別しておきたい。後者は、誰か一人が借家の名義人となる。このため、一人が退去すると、その分の家賃はルームメイトが負担しなければならない。このため、みんなが一斉に入居し、一斉に退去することも多くなる。

一方、持ち家の所有者が、同居人を募集するかたちがある。昔の間借りと同じだが、最近は、一人暮らしの高齢者が、安心を求めて若者を同居させる方法が注目されている。これを、「ホームシェア」と呼ぶ。以上の三つが注目する新しい住み方だ。

その他に、昔ながらの設備を共用した木造賃貸アパートや学生寮、第3章で紹介したコレクティブハウス、さらに、関西で一時流行ったミングルアパート（二～三室で台所と風呂を共有し安上がりにしたアパート）がある（図6-4）。これら様々なタイプの特徴は、台所などの設備を各戸専用でもつかどうかと、共用空間の豊かさの二つの軸によって整理できる（図6-5）。専用設備が無いのは安い家賃を求めるためであり、共用空間を豊かにとるのは共生を重視するためだ。この両方の要求を満たすところにルームシェア等がある。

そして、このようなシェア居住が増える理由としては、①単身者や非婚者の増加、②触れあいと安心感を求める要求の高まり、③インターネットによる募集の発達、④広い住宅の有効活用が求められていること、

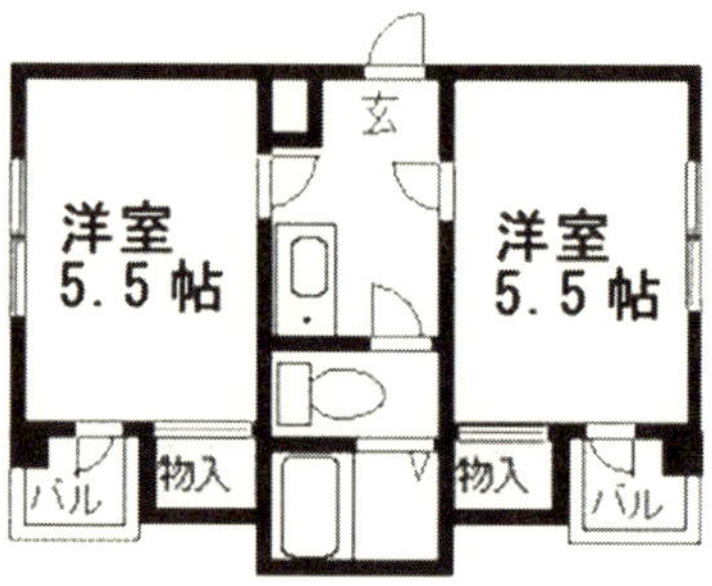

図6-4　ミングルアパート

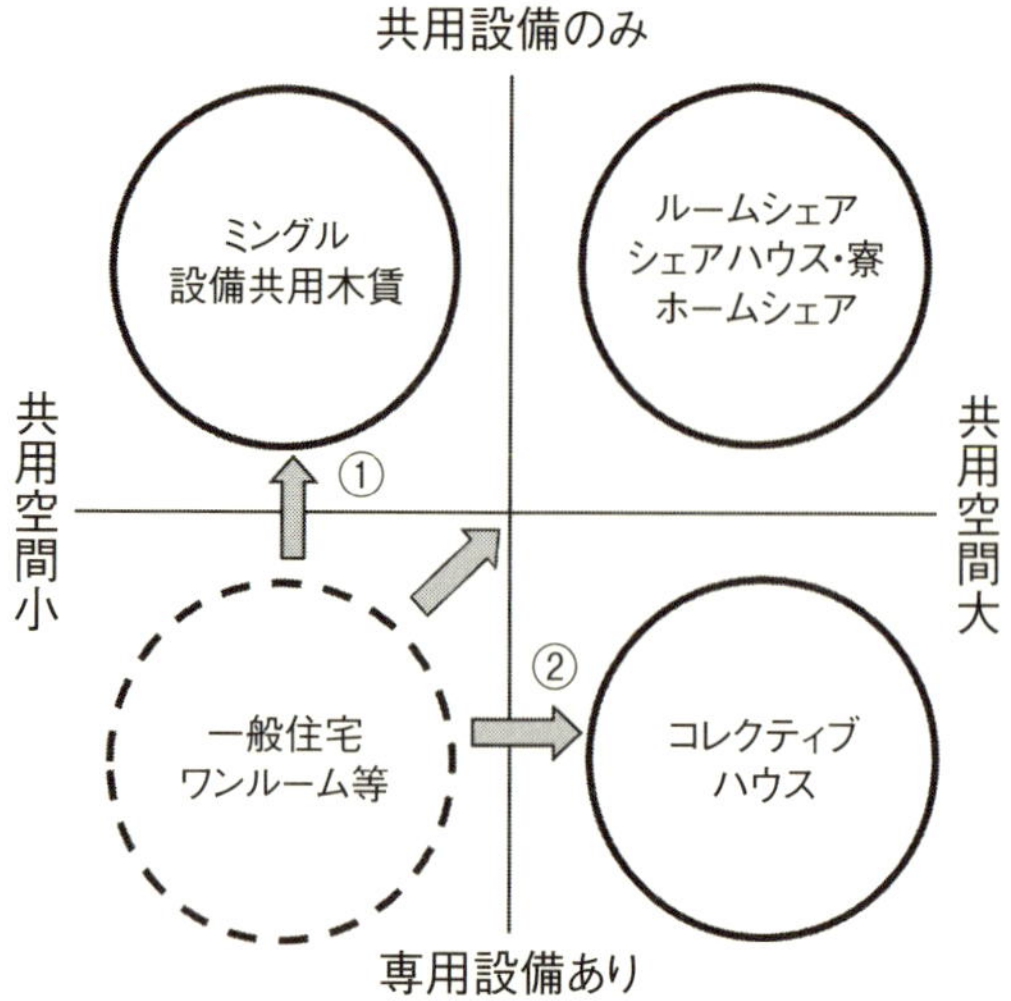

図6-5　シェア居住の見取り図

①：安い家賃を求める要求
②：共生（協同・交流・安心）を求める要求

⑤住まいの個室の独立性の高まり、等がある。以上がシェア居住全体の見取り図である。

2　シェア居住の深層心理を調べる

シェア居住では、他人どうしが近接して住んでいる。そこでは、共同生活を円滑に営むために様々な行動様式が発達する。ナワバリ学を通して調べてみよう。

ウチとソトの境界はどこか

まず、住まいの心理的なウチとソトの境界に着目してみよう。一般のワンルームマンションでは、その境界は明らかに部屋の玄関にある。しかし、シェア居住ではどうだろうか。もしかしたら、各部屋の入口ではなく、建物全体の入口が境界になっているかもしれない。

このような心理的境界を調べるために、うまい方法がある。それは、「日中部屋に居るときに、あなたの部屋の入口ドアを開け放しておくことに不安を感じますか」という質問だ。回答の選択肢は「不安を感じる」と「別に不安はない」の二つだ。もし、部屋の入口に心理的境界があり、部屋から一歩廊下に出るとそこは「ソト」という意識が強いと、「不安に感じる」という回答になる。逆に、廊下や建物全体も自分の「ウチ」という意識が強いと「別に不安はない」と回答しやすい。ちなみに、「ウチ」とは、その場所を自分たちのナワバリと感じていることを意味する。[5]

この方法を用いて様々なシェア居住を調べてみた。[6][7] 比較用に、一般のワンルーム・アパートも調べている。その結果は、ドア開放の不安が強い順に、アパート、学生寮、シェアハウス、コレクティブハウスであった。とくに、コレクティブハウスでは、「不安」と回答した者は一人（9％）にすぎず、建物全体が「ウチ」と意識されていることが伺える。逆に、アパートでは、85％と圧倒的に多くの者が不安を感じていた。

学生寮は、両者の中間だ。ただし、男性寮は不安22％に対して、女性寮は41％と不安が多かった。一方、シェアハウスは、在室時は部屋に鍵を掛けないことが普通で不安は一人（17％）だけであったが、これは三部屋と少ない同性シェアハウスだからだろう。部屋数が多いタイプや男女混合のタイプでは、学生寮に近い結果になると思われる。

いずれにしても、アパートに比べると、シェア居住では、廊下や建物全体を「ウチ」と感じやすいことは確かといえる。もちろん、この結果には、靴を脱ぐ場所も影響している。シェア居住では、建物全体の入口で靴を脱ぐ。これに対して、アパートは各戸の玄関まで靴で入る形式となっている。

建物入口のオートロックは意識を左右するか

ところで、オートロックは居住心理にどんな影響をもつのだろうか。オートロックとは、一般マンションに多くみられるもので、建物入口に鍵があり、居住者でなければ開けられない仕組みだ。訪問者は、モニターで居住者を呼び出して開けてもらう。この仕組みがあれば、建物入口をウチとソトの境界と感じやすいのだろうか。

確かに、コレクティブハウスは、建物入口でオートロックを採用しており、このことが建物全体をウチと感じる意識を高めた可能性がある。しかし一方で、アパートをみると、オートロック付きかどうかで不安感はあまり変わらない。実際、オートロックの内部であっても、隣人の顔を知らないことが普通だ。また内部居住者によるレイプや殺人事件も話題となった。このため、とくに女性はほぼ全員が不安と回答する。つまり、オートロックの有無にかかわらず、いつも部屋には鍵を掛け、アパートの廊下は危険なソトの場所と意識されるのである。

これに対して、学生寮はオートロックではないが、共用のラウンジや食堂をもち、互いに顔見知りの居住者も多い。このような暮らし方によって、建物全体を「ウチ」と感じるようになったと考えられる。

このようにみると、オートロックの有無よりも、共用の居場所があり居住者どうしが顔見知りであることが、居住者の心理を左右しているといえる。

シェアハウスにおける面白い実験

私の研究室で、シェアハウスを運営している。始めたきっかけは、郊外団地に空き家が増えているため、学生がそこに住んで団地を元気づけようとしたことだ。私が代表になって有限責任事業組合（LLPと呼ばれる）を立ち上げ、3DKを借り上げて個室ごとに学生に貸した。つまり事業者がいるシェアハウスだ。

そこで、面白い実験をしてみた。学生に家賃二万円のところ五千円にまけるから、一年間、部屋のローテーションに協力してくれと頼んだのである。

三部屋あるので四ヶ月ごとに部屋を交換した。その目的は、三部屋の条件が異なるので家賃設定の参考にしようとしたのだが、意外な発見があった。それは、個室のタイプにより、学生の居住心理に共通の違いがみられたことである。[8]

間取りをみて欲しい（図6-6）。一番プライバシーが守られた部屋が、玄関脇にある四畳半だ。他の部屋とはコンクリートの壁で仕切られているため音も気にならない。たぶん、一番人気になるだろうと予想していた。逆に、共用のダイニングキッチンの横にある六畳は、襖で仕切られているだけで音が筒抜けだ。嫌われるに違いないと予想していた。ところが、見事に予想が外れた。

四畳半に四ヶ月住んだ三人の女子学生は、共通して次のように話した。「この部屋に住むと、なぜかダイニングキッチンから足が遠のくのです。ひとりぼっちの印象で寂しく感じました」。三人は学内から一般募集しており、学年も違えば学部も違う。その三人が共通の感想をもったのである。

逆に六畳では、自然にダイニングキッチンにいる時間が増えたという。ダイニングキッチンの音が気にならないかと質問すると、気にならないと回答した。同居人が利用するときは調理の音程度であり、話し声に

図6－6　団地シェア居住の間取りと暮らしの様子

ついては、自分も参加することが多いので気にならないという。

つまり、不人気と予想された六畳は意外に住みやすく、逆に、一番人気と予想された四畳半は、実際に住むと、プライバシーが過剰だったのである。

同じ間取りの男性住戸では、この四畳半に住んで、数日、ルームメイトとまったく顔を合わせなかったという学生がいた。この部屋は玄関に直結しているため、外食中心の暮らしだと顔を合わせるチャンスがないのである。

このような結果は、居住心理に及ぼす空間の影響の大きさを示している。これを踏まえると、子ども部屋づくりにおいても十分な配慮が必要になる。子ども部屋は、玄関から直接つながる位置ではなく、居間を通った奥にあるほうが、家族の触れあいを生み出すためによさそうだ。

シェア居住のトラブルを避ける方法

ルームシェアのトラブルにはどのようなものがあるのだろうか。家賃を共同で負担するルームシェアでは突然の退去や入居直前のキャンセルをめぐるトラブルが深刻だが、それらを除くと最も目立つのは、訪問客をめぐるトラブルである。

団地シェア居住の女性住戸でも、ボーイフレンドを部屋に呼び入れたことが同居人のストレスにつながったことがある。ナワバリ学によれば、出入りをコントロールすることがナワバリの基本だ。とすれば、ルームシェアで住宅全体を自分たちのナワバリと感じていればいるほど、第三者が勝手にナワバリに入ってくることに心理的な拒否反応を示すことになる。

この問題については、掲示板であらかじめ訪問客を知らせること、夜十時までと決めることで、以後のトラブルは減った。同居人の暗黙の了解を得ることが大切といえる。

また、同居人の持ち物の使用にも気をつけたい。冷蔵庫にある同居人のマヨネーズを無断で使用する、しょうゆを利用する、牛乳を飲んでしまうということは、けっこう発生する。使った方は気軽に借りたつもりだが、勝手に使われた方は、積み重なるとイライラがつのり、最後は不満が爆発する。それを避けるために、個人の持ち物には名前を書くことも一案だ。ナワバリ学の用語でいうとパーソナライゼーションだ。さすがに、名前が書かれたものを勝手には使いにくい。

また、よく使う調味料やトイレットペーパー等は、三人でお金を出し合って購入する方法にしたが、これは、うまくいった。

音のトラブルもあるが、これはマナーの問題だ。テレビは音を小さく、あるいはヘッドホンで聴くのがマナーだ。ただし、個室どうしの間が襖の場合は、さすが音を通しすぎて具合が悪い。女性住戸では、途中でこの襖の前に収納家具を置くことにした。これは、意外に遮音に効果があった。男性住戸では、あらかじめ襖を遮音壁に改造した。

また、室内禁煙は重要なルールだ。非喫煙者への配慮だけではなく、退去時に、臭いや汚れ除去のための費用がかかり、その負担をめぐってトラブルになりやすいからだ。

その他には、一人ひとりが求める掃除の綺麗さのレベル（サービスレベル）が違うことや、どの程度互いの交流を求めるか（コミットメントレベル）が違うことがストレスにつながることが指摘されている（久保田[9]）。これは話し合いで解決するしかないが、日本人は直接言い合うのは苦手のようだ。私たちの団地シェアでは相談役の団地住民を「家守《いえもり》さん」と呼んでいるが、家守さんを通してやんわり注意してもらうことでうまくいっている。

ルールを決めて分担するのは意外に難しい

私は、当初、ゴミ出しや清掃当番、風呂の利用時間割り当てなどのルールを決める必要があると考えていた。しかし、これは誤解であった。三人程度のシェアであれば、ルールを決めるほうが負担と感じやすい。つまり、当番表をつくると、割当日に必ずゴミ出しや清掃をしなければならなくなり、かえって自由がきかなくなるからだ。それよりは、各自が良識に従って行うほうがうまくいく。さらに、三人程度であれば、風呂の順番が重なることも少ないし、重なったら先に調理をするなど、自分の生活の順番を変えることで対応できる。おそらく、ルールや当番を決めることが有効なのは、もう少し大きな集団だ。当番が月に一～二回程度で済むような大きな集団では、それほど負担には感じないし、また当番やルールを決めないと風呂の重複などを調整できない。

ただし、後述する学生寮のように、二人でもルールを決めたほうがうまくいく例もある。実際は居住者の性格やルームメイトとの相性などにより異なるため、臨機応変に対応する必要があることは注意しておきたい。

3　ルームシェアをうまく暮らす行動様式

ルームメイトの行動の特徴

学生寮に話を戻そう。私の大学では、ほとんどが相部屋だ。つまり、一部屋に二人が住んでいる。寮費が七百円と安いため希望者は少なくない。そこでの暮らしを調べることで、一般のルームシェアにも通じる様々なヒントが得られるはずだ。

集団生活では互いの生活を安定させるために、何らかの行動様式が発達する。それは、順位行動であったり、友愛行動であったりする（第4章）。では、ルームメイトの行動様式の特徴とは何だろうか。

まず全体の傾向を紹介すると、相部屋での会話は少ない。出かけたり帰ったりしたときに声を掛け合う程度だ。話すとしても、試験問題や就職活動の情報交換など、用事があるときが多い。どちらかといえば、音を静かにして互いに深入りしないというのが、ストレスを感じず長続きする秘訣のようだ。

しかし、会話がないから集団生活がないというわけではない。日本の順位制家族も会話が少ないことを思い浮かべていただくとよい。代わって、様々な行動様式が発達する。私の研究室の学生が、相部屋でどんな行動がみられるか詳しく調べた。興味深い内容なので、少し詳しく紹介しよう。[10]

様々な行動様式がもつ意味を考える

学生寮で観察された行動について、集団タイプ別（第3章）に整理してみよう。まず、学生の相部屋では、権威と服従を特徴とする「封建集団」の特性はほとんど観察されなかった。おそらく、服従が嫌になったら部屋替えや退去という選択ができるため、そのような集団特性は表れにくいようだ。もっとも、運動部の寮生活を調べると、今日でも封建集団の性格が表れることがあろう。

その一方で、その他の集団の行動様式はよく観察された。順にみていこう。

①温情集団の行動

この集団タイプは、やさしい先輩と甘え上手な後輩の関係といえば分かりやすいだろう。観察される行動としては、庇護する側から、「朝起こしてあげる」「ルームメイトが元気ないときに様子をみる」などの言葉が返ってくる。庇護する側とされる側が自然に定まっていることが特徴だ。

②友愛集団の行動

仲の良い友だちの関係である。よく話すことが多く、「仲が良くて夜までお喋りしてしまう」「朝食をよく一緒にとる」とする一方で、互いのプライバシーにも配慮して、「相手が寝たら静かにする」「徹夜のレポートは共用ラウンジでやる」という行動が発達する。全体に寮生活の満足度が高いが、互いの接触が深いだけに、あるときに急にメイトが嫌になったという例もみられる。

③協同集団の行動

明示的なルールを決めて協力する関係である。このタイプは、ゴミ出し当番を決めていることが特徴だ。他の集団タイプでは、「気がついた者がゴミを出す」「互いに綺麗にするように心がける」などの暗黙のルールによるが、協同集団は、そのような心がけはもちろんだが、明示的なルールを大切にする。「夜十二時以降は消灯する取り決めをしている」「冷蔵庫に専用の段をつくっている」「話し合ってルールを決めている」などの行動がみられる。

④棲分け集団

互いにできる限り相手に干渉しないようにする関係である。「部屋の共有スペースには物を置かない」「できるだけ関わらない」とする一方で、相手のプライバシーを侵害しないように配慮して生活している。この配慮がうまくいっていると、それなりに寮生活に満足している。

さて、どのタイプに近いかは、本人の性格はもちろんだが、ルームメイトとの相性によっている。ある入居学生は、一度メイトとの生活に失敗したが、部屋替えによって友愛集団としてうまくやっていた。おそらく、メイトに交流を求めるタイプであったため、最初の相手は素っ気なくてストレスを感じたのだろう。また、男性と女性でも違いがあり、女性は友愛、男性は棲分けの関係になる傾向が強いようだ。

ルームメイトを消すという言葉

少々びっくりしたのが、「ルームメイトを消す」という言葉であった。

これは、互いに居ないものとして生活するという態度だ。つまり、朝起きてもおはようと挨拶はしない。眼を合わさない、会話もしないという行動様式のことだ。部屋の一部をカーテンで仕切って接触を避けており、また、「できるだけ部屋に居ないようにする」と回答している。

このタイプは、部屋の一部をそれぞれ自分のナワバリとしており、集団タイプに当てはめれば互いの接触が乏しい「自立社会」ということになる。しかし、音は筒抜けで、入口で姿を見る機会もあるため、物理的に完全分離はできない。このため、心理的な壁をつくって暮らしているわけだ。その心理的な壁のつくり方を「ルームメイトを消す」と表現したのである。二人が納得して慣れれば快適なようで、「別に相部屋も気にならない」という。

自宅において子ども部屋が当たり前として育った学生からみると、相部屋暮らしは容易ではない。それならば、互いに居ないものとするという方法は、それなりに合理的かもしれない。ただ、せっかくの機会だ。集団生活の作法を学んで欲しいと思うのは、私だけだろうか。

ルームシェアをうまく暮らす作法

実は、どの集団タイプであれ、ルームメイトとうまく暮らすためには、共通して大切にされる作法がある。それは、相手への配慮である。

集団生活では、自分のプライバシーを守るための「仕切る」「耳を塞ぐ」「場を張る」という行動ではなく、相手のプライバシーに配慮する行動が重要になる。実際、前者の守る行動が目立つときはメイトへの不満がつのることが多いからだ。それを避けるためには、相手に配慮する行動を発達させることが大切だ。具体的には、次のような行動だ。

①音への配慮が最も重要

「音楽はヘッドホン」「大きな音をたてない」「徹夜は部屋の外のラウンジで」「メイトが寝たら静かに」「寝言やいびきはお互い様」等がみられる。

②むやみに見ないことも大切

「やたらに見ない」「着替えのときは見えないふりをする」等。

③共用の場への配慮

「共用の場は綺麗にする」「こまめな掃除」「ゴミ出しは気がついたときに積極的に」「出かけるときは鍵を掛けることを忘れない」等。

④挨拶は関係維持のために必要

「互いに干渉しない」という人も、気軽な挨拶は大切にしている。というのは、互いに声を掛ける関係が維持されていれば、万一、問題が生じたときにも話し合って解決できるという期待をもつことができるからだ。そのような期待があれば、実際に話し合いを行わなくても、ストレスがずいぶんと緩和される。このような心理的な働きは「対処可能性」と呼ばれる。つまり、挨拶関係を維持していれば、対処可能性によるストレス緩和が期待できるというわけだ。

ナワバリ学では、プライバシーを守る方法として、物理的手段（壁や個室）と、行動心理的手段があるとしている。そして、後者において人々の行動を大きく左右するのが、自分のプライバシーを守る行動よりも、相手に配慮する「遠慮の行動」だ。[11] ここで紹介した行動様式の多くは、まさにこのような遠慮の行動の表れといえる。

さて、この調査は、学生寮を対象としているが、その結果は、シェア居住全般に共通する。互いにこのような行動様式を身につければ、シェア居住は快適なものになるだろう。

シェア経験者は再びシェアをする

シェア居住を経験した単身者は、次の住まいもシェアを選ぶ傾向がある。それだけ魅力があるということだろう。私が話を聞いたシェア経験者は、なんと、結婚後も夫婦でシェアハウスに住んでいる。[12] 仲間がいる楽しさ、防犯上の安心感、良質な住まいに割安に住めること、等の魅力が大きい。

最後に、もう一つ付け加えたい長所がある。それは、留学生が日本の文化にとけ込むために有効なことだ。実は、私たちの団地シェア居住では、三人のうち一人を留学生としてきた。この組み合わせは、留学生が日本に早く馴染むために大変効果的であった。留学生は分からないことをルームメイトに聞けるし、また、逆に日本人も留学生の母国のことで話題が尽きない。ある三人組は、夏休みに留学生の母国に旅行に行っている。

ただし、留学生二人となると、日本人学生が遠慮してしまうようで、日本人二人、留学生一人が適切な組み合わせだ。もちろん、ルームシェアのメリットは、日本人が海外に留学したときも同じだろう。その国の学生とシェアすれば、誰よりも早くその国の文化に馴染むはずである。

注

［1］国勢調査からシェア居住を推定する項目として二つが該当する。一つは、「間借り」だ。この項目には、結婚した別性の子世帯が親の家に同居する場合を含むため、「間借り×単独世帯」に絞る。もう一つが、「非親族世帯」である。友人どうしが家を借りる場合は、誰か一人が世帯主となって借家契約をする。このような場合、非親族世帯にカウントされる。以上の二つを合計すると、シェア居住の概要が把握できる。なお、国勢調査では、ルームシェアを「共同住宅」かつ「単身世帯」とみなすことを推奨している。しかし、一般住宅を転用したルームシェアは、通常、調査票は一通しか配布されない。わざわざ人数分を取り寄せたりしないため、非親族世帯として回答する例が多い。

［2］日本住宅総合センター「日本における集合住宅の普及過程」小林秀樹他執筆、参照。

［3］稲葉その子・千葉大学修士論文「都心部における単身者向けシェア居住に関する研究」２００６。丁志映他「都心部における単身者向けシェア居住に関する研究」『都市住宅学』63号、２００８、75～81頁。

［4］小林秀樹他「居住環境整備論」放送大学教育振興会、２０１２。同書の4章に詳しい。

［5］小林秀樹『集住のなわばり学』彰国社、１９９２参照。戸外における集団のナワバリを「共有領域」と呼び、詳しく調べている。

［6］調査対象は下記の通り。千葉大男子学生寮・相部屋１０４室（回収30）、女子学生寮・相部屋59室（回収35）。コレクティブハウスかんかん森・28室（回収11）、団地シェアハウス三室2住戸（回収6）、一般アパート（回収１０２）。調査は、田端直子・千葉大学小林研究室卒業研究、２００５。青木潤之助・千葉大学小林研究室卒業研究、２００６。

［7］丁志映他「少人数世帯における共有領域のあり方に関する研究」『都市住宅学』55号、２００６、１２６～１３１頁。

［8］大森一樹・千葉大学修士論文「シェア居住におけるストック活用に関する研究」２００８。

［9］久保田裕之『他人と暮らす若者たち』集英社新書、２００９。

［10］山本倫広「人間はどのくらい近接して住まいことができるのか」千葉大学小林研究室卒業研究、２００８。

［11］注［5］の文献の第2部6章参照。

［12］特集「今、なぜシェア居住か」住宅総合研究財団『すまいろん』２００７年春号のミニシンポジウム参照。また、本章の内容の多くは本誌の論文・記事を参考にしている。

第7章　新説・日本の住まいの近代史

1　住まいの歴史を読み解くために

今日、一般化している３ＬＤＫ、４ＬＤＫの間取り。これらは、どのようにして日本に定着してきたのだろうか。そして、昔の住まいとはどこが違うのだろうか。

ここでは、日本の住まいの近代史をそこでの暮らしに着目して描いてみよう。

もっとも、日本の住まいを一口に語ることはできない。たとえば、雪国と南国では住宅形式が異なるように、住まいは地域特性の影響を強く受ける。さらに、同じ地域でも、どのような階層、どのような家族が住むかで異なる。本家か分家か、単身者か三世代か、一戸建かマンションか、などで違う[1]。

住まいの基本は、地域、階層、時代の三つの視点から語ることだ。では、今日の３ＬＤＫ、４ＬＤＫに至る歴史は、どのような階層や地域に絞って語ればよいのだろうか。結論を言えば、住宅の近代化とは、明治末に始まり第二次大戦後に急速に台頭した「都市の核家族サラリーマン」の住まいの変遷を指している。そして、この住まいが全国の住まいの変化を先導し、それが今日、個室とＬＤＫで構成される間取りとして定着してきた。
以下、その歴史をたどってみよう。

明治末から昭和初期に登場したサラリーマン住宅

サラリーマンとは、企業や役所などに雇用され、おもに月給制で暮らす人々のことだ。その住まいの特徴は、仕事場と住宅が分離していることにある。これは、農家や商家とは明らかに異なる住まいのあり方であった。

これらサラリーマンが社会に台頭し始めるのは、日本での産業革命が進行し、社会が豊かになりつつあった明治末から大正時代だ。当時、そのような人々は、新中間層あるいは中流階級と呼ばれた。具体的には、企業の管理職、事務職、銀行員等に加え、教師、役人等である。中間とは、企業経営者や上級役人という支配層と、職工や日雇い労働者などの下層に挟まれたという意味だ。明治時代の中間層は、没落した武士や成功した商人などで構成されていたが、この時期の新中間層は、資本経済の進展に伴って新しく登場した、いわゆるホワイトカラー・サラリーマンが中心であった。

このような新中間層の住まいとして、明治末から大正、昭和にかけて、新しい住まいが登場する。一つは、中廊下型住宅、一つは、居間中心型住宅、そして、もう一つがアパートメントハウスだ。いずれも、日本における住宅の近代化の端緒となった。

武家住宅を近代史の原点とする

では、これら新しい住まいに至る源流として、どのような住宅を取り上げるのが適切だろうか。多くの専門家は、中下級の武家住宅としている。たとえば、住宅の近代史を書き換える業績を残した青木正夫は、「明治期の都市中流住宅の源流は武家住宅といえよう。明治期の先学の著述の中にも度々述べられており、また当時の中流階層は中・下層武士出身者が多かったことからである」[2]としている。加えて、筆者は、次の二つの理由をあげたい。一つは、仕事場と住宅が分離している点で、中下級の武家住宅とサラリーマン住宅には共通点があるからだ。もちろん、上級の武家住宅となると、家来などが集まり仕事場としての性格が強まる。このため、中下級なのである。

もう一つは、明治政府が導入した家父長制に基づく家制度が、武士の家族規範をモデルとしているからだ。[3]個々人の権利ではなく、家長の権利のみを社会的に認め、かつ長男による一子相続を基本とする家族規範は、決して江戸時代からの日本の伝統ではない。商家では、能力が分からない長男よりも、娘に優秀な婿をとるほうが商売の繁盛のためには合理的であった。また、農家では、家族全員が重要な働き手であり、女性の地位は、家父長制の時代よりはるかに高かった。もちろん、下層職人や小作農では、代々相続する資産があるわけではなく、食べていくための生存欲求が優先した。実力主義であり、家族規範なるものがあったかどうかも疑わしいだろう。

いずれにしても、明治憲法を通して、武家および支配階層だけではなく、全国民に家父長制の家族規範を導入したことは、この時期の住宅の近代化に強い影響を与えたはずだ。

以上の二つの理由から、住宅の近代史の起点を中下級の武家住宅におき、必要に応じて戦前の農家等を取り上げることにしよう。そこから中流階級の新しい住まい、戦後の団地や新興住宅地の住まい、そして今日の一般住宅への系譜をたどってみたい。

2　伝統的な住まいの空間構成

個室の概念がない昔の住まい

中下級の武家住宅をみると、地域による違いはあるものの、共通して子ども部屋や夫婦寝室などの個室はない（図7-1）。また、戦前の土地持ちの農家、あるいは町家をみても同様に個室はない（図7-2）。もちろん、水呑みといわれた土地をもたない農民が住んだ小屋、あるいは、町家に奉公する使用人が住んだ長屋は、さらに粗末な1室住居が多く、個室などあろうはずもなかった。

加えて、各部屋が襖や板戸で仕切られており、廊下はなかった。このため、声は筒抜けであり、部屋にも通り抜けが生じる。つまり、部屋の独立性は低いものであった。唯一、壁が多く奥まった部屋として、ネマやナンドと呼ばれる夫婦の寝室が設けられることがあったが、そこは若夫婦の夜の営みや出産、衣類の収納や着替え、時には寝たきりの病人の寝床など、いわば隔離を求める部屋であり、個人または夫婦に帰属する個室の概念とは異なっていた。

このような昔の間取りを、今日の常識的な見方である「個人の個室」と「家族の居間」という空間構成で捉えることは適当ではない。そもそも、武家の家族規範は、ナワバリ学では一人ひとりの序列が明確な「順位制集団」に相当しており、個人の空間をもてるとすれば家長だけ。家族集団の一体感を重視する一方で女

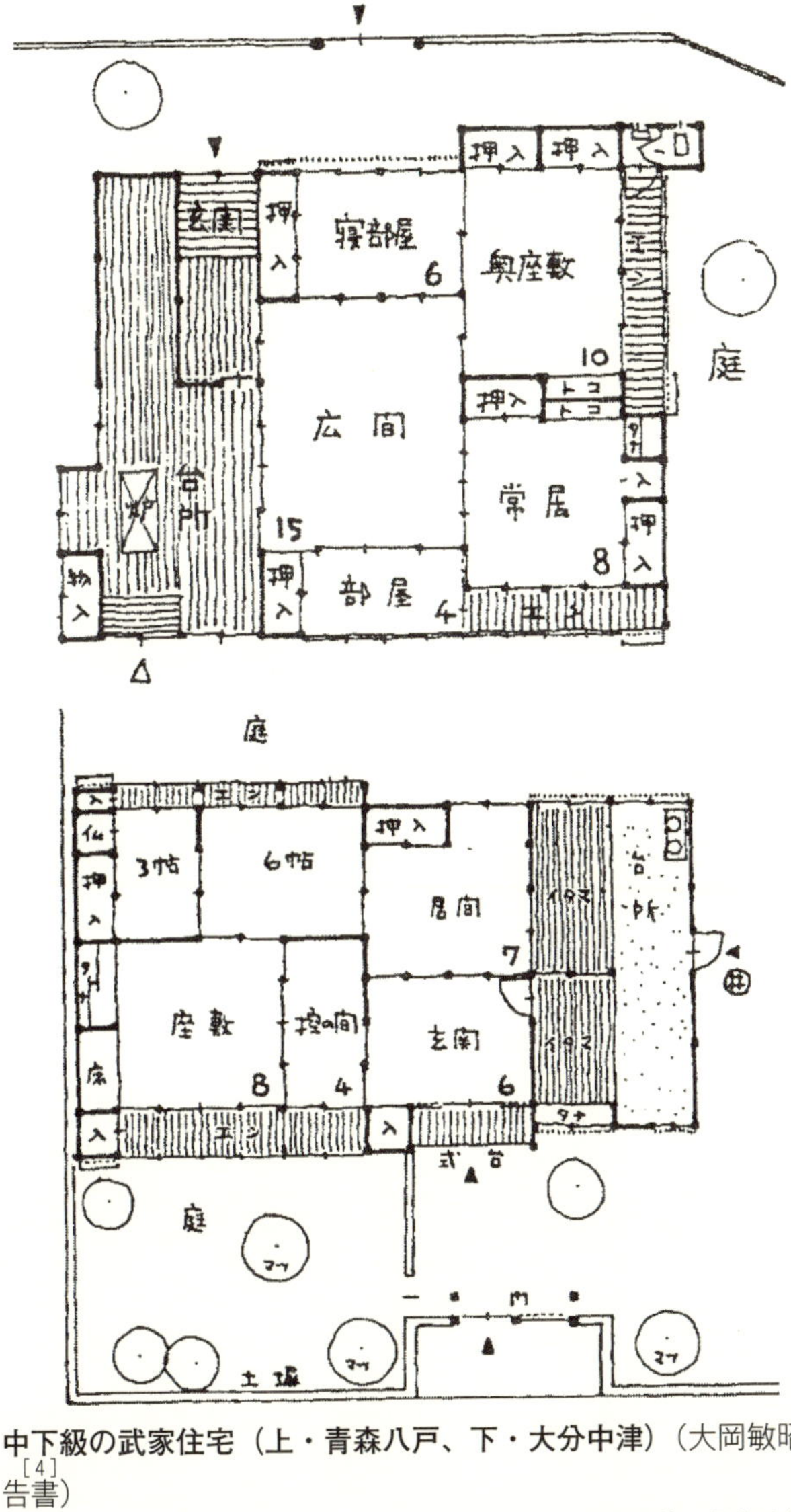

図７－１　中下級の武家住宅（上・青森八戸、下・大分中津）（大岡敏昭らの調査報告書[4]）

地域による違いはあるが、主な共通点として以下がある。①子ども部屋等の個室はない、②部屋が板戸や襖で開放的につながる、③中流以上の武家では、玄関（式台）と裏口の二つを使い分ける、④台所と居間（広間）を中心とした家族の居場所と、座敷を中心とした主人・接客の場に大きく分かれている。

や子どもの個室を求める意識は乏しかった。

ハレとケの変化が重要な昔の住まい

さて、そのような住まいでは、「個人と家族」ではない、別の原理によって空間が特徴づけられていたと考えられる。その原理とは、「ハレとケ」、「オモテとウラ」、「前と奥」の三つである。まず、ハレとケについてみてみよう。

住まいでの暮らしは、常に同じ状態にあるわけではない。時間的な変化がある。その中でも繰り返される変化、循環する変化を大切にしたのが昔の住まいであり、それを読み解く鍵が、日本民俗学で提唱されたハレとケという概念だ[6]。

ハレとは、「晴れ着」のハレのことで、特別なときという意味だ。一方のケは、日常生活の繰り返しのことだ。毎日の生活の繰り返し（ケの生活）が続くと、しだいに飽きがきて、ケガレ（ケが枯れる）が進む。それをリセットするために、季節のお祭りなどのハレの行事を行う。これにより、気持ちや空間をリフレッシュするのである。

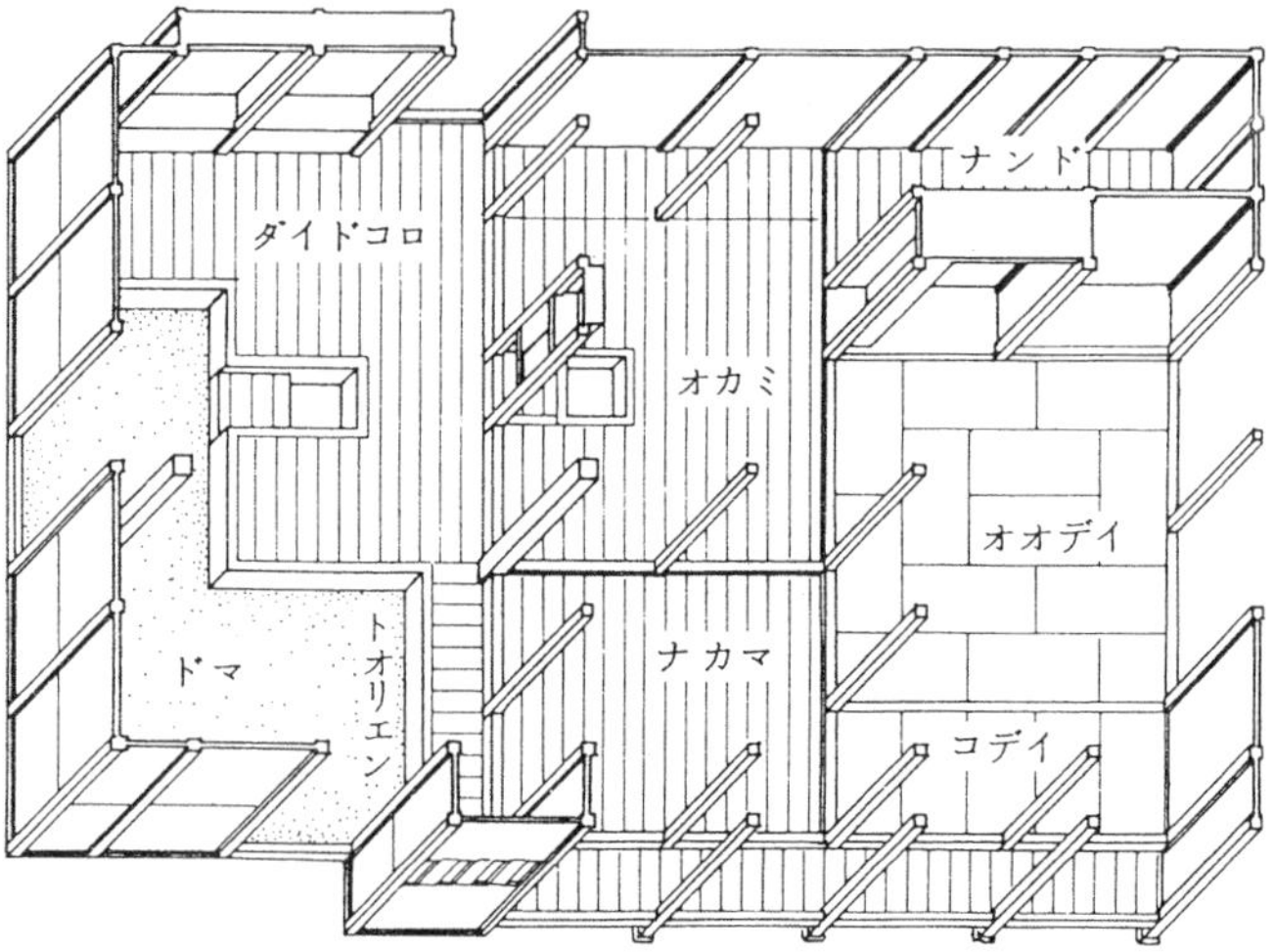

図7－2　岩手の上層農家（菊地成朋、1999）[5]
農作業等の場として広い土間をもつが、個室がなく座敷（デイ）を奥にもつなど武家住宅と共通点は多い。

武家であれば、大切な客の来訪がリセットする一つの機会だ。極端な例だが、仇討ちで有名な赤穂浪士の物語で、吉良上野介による嫌がらせに増上寺の「畳替え」がある。畳替えとは、賓客を迎えるにあたりその場所の畳表を新調することだが、その作業をわざと指図せず、浅野内匠頭の部下があわてて職人をかき集めて二百畳余の畳替えをしたという逸話だ。畳替えほど大がかりでなくても、大切な来客があれば、大掃除をしたり生け花を飾ったりするだろう。この他にも、法事や正月、あるいはお祭りのときにも住まいをリフレッシュする。

このように、日常生活の繰り返しにハレの行事が加わることで生活にリズムが生まれる。つまり、ハレとケの循環により人々の暮らしが持続していくわけだ。では、ハレとケという時間的変化は、住まいをどのように規定していたのだろうか。詳しくみてみよう。

昔の住まいは「ハレ本位」であった

上級武家のような大邸宅であれば、普段は使わないハレ専用の部屋を確保できた。しかし、中下級の武家や農家では、そのような余裕はない。すべての部屋が日常生活にも使われる。つまり、家族が寝る、子どもが遊ぶ、くつろぐ、書き物をするなどの行為は、濃淡や使い方の作法はあるが住まい全体に広がっていた。しかし、お祭りや来客時などハレのときには、住まいにおける空間の秩序が明瞭に表れる。

まず、座敷をみてみよう。ここは、ハレのときの主舞台であり、通風や庭の眺めがよく、住まいの少し奥に位置する。大切な客は、玄関で迎え、この座敷に通すことで歓迎の意を表すことができる。また、結婚式、葬式、法事などの儀礼も、ここを舞台に展開する。「晴れ着」が似つかわしい場というわけだ。このような座敷は、農家では地域で異なるが、「コザ」や「デイ」と呼ばれている。

そして、座敷の対極にあるのが、ハレのときに食事を準備したり、女が集まったりする台所だ。また、中級以上の武家では、玄関は、台所に通じる土間や裏口とは別に設けられた。これら土間や裏口は、通りから目立たない脇やウラに位置することが多い。このようにみると、当時の住まいは、座敷や玄関を通り側に配置して客を迎え入れやすいように構成されていたことが分かる。

このような住まいのあり方は、近代化の過程では、家族本位ではなく接客本位だとして批判の的になった。しかし、当時の社会では、住まいが、仕事や会合の場として重要な役割を果たしていた。たとえば、家長が仕事に失敗すれば、主君からのお役ご免、共同体からの村八分などで生きていくことさえ困難になるとすれば、家族の生活だけではなく、接客や村の会合等を大切にすることは当然であった。

さらに、昔は先祖や神への祈り、あるいは宗教が生活を大きく左右しており、儀礼の場を住まいの中で重視することも自然な選択であった。このため、筆者は、「接客本位」という言葉よりも、接客と儀礼の両方を含むように「ハレ本位」という言葉のほうが適切だと考えている。注目したいことは、接客本位には家族を犠牲にするという批判が込められているが、ハレ本位にはそのような意味はないことだ。ハレはケがあってこそ意味もち、そこには祭りや酒宴、年中行事など家族の楽しみを含んでいた。

吉田兼好の徒然草に「家の作りようは夏をむねとすべし」との言葉がある。これは、冬の寒さは着込んだり火鉢で暖をとったりすることで対応できるが、高温多湿の日本では夏の暑さへの対応が難しい。このため、夏に涼しい住まいにすべきという意味だ。これをもじれば「日本の伝統的住まいは、ハレをむねとすべし」であった。

家父長制に基づくハレの場の重視

そして、武家や戦前の農家では、家父長制を背景として、このようなハレのときの使い方が、ケのときの使い方を規定していた。たとえば、座敷が普段は寝室に使われるとしても、そこに女や子どもが寝たりくつろいだりすることは、まずなかった。さらに、玄関についても、使用人はもちろんのこと、女や子どもが出入りすることは考えられなかった。つまり、ハレの主舞台である座敷や玄関を利用できるのは、もっぱら重要な客と家長であり、一歩譲って祖父母のみであった。つまり、「家父長制に基づくハレ本位」が、昔の住まいを読み解く鍵だ。

このような使い分けは、大都市では戦前まで、地方では戦後しばらくは残っていたが、家族の民主化とともにしだいに廃れていく。たとえば、座敷で子どもが遊んだり、玄関が民家にも設けられ女や子どもが出入りしたりすることが普通になっていく。このような家族の民主化とともに、個人と家族という、まったく別の原理が住まいを規定することになる。

「オモテとウラ」と「前と奥」

さて、留意したいことは、あくまでハレとケは時間的変化を表す概念であって、空間を固定的に性格づけるものではないということだ。たとえば、前述したように、ハレの座敷は、普段は祖父母の寝室としても使われた。つまり、ケの生活の場としても使われた。このため、住まいの空間構成を理解するためには、時間的変化ではなく、空間についての概念を導入する必要がある。それが、「オモテとウラ」と「前と奥」である（図7-3）。

オモテとウラとは、接客や儀礼におけるオモテ舞台か、それとも給仕などのウラの場かという区分だ。「オモテ」の代表は、玄関、座敷、次の間（控えの間）などだ。一方の「ウラ」とは、裏方側の意味だが、家族の日常生活の場でもある。裏口、居間、寝間などが典型だ。もちろん、使用人の部屋も含まれる。

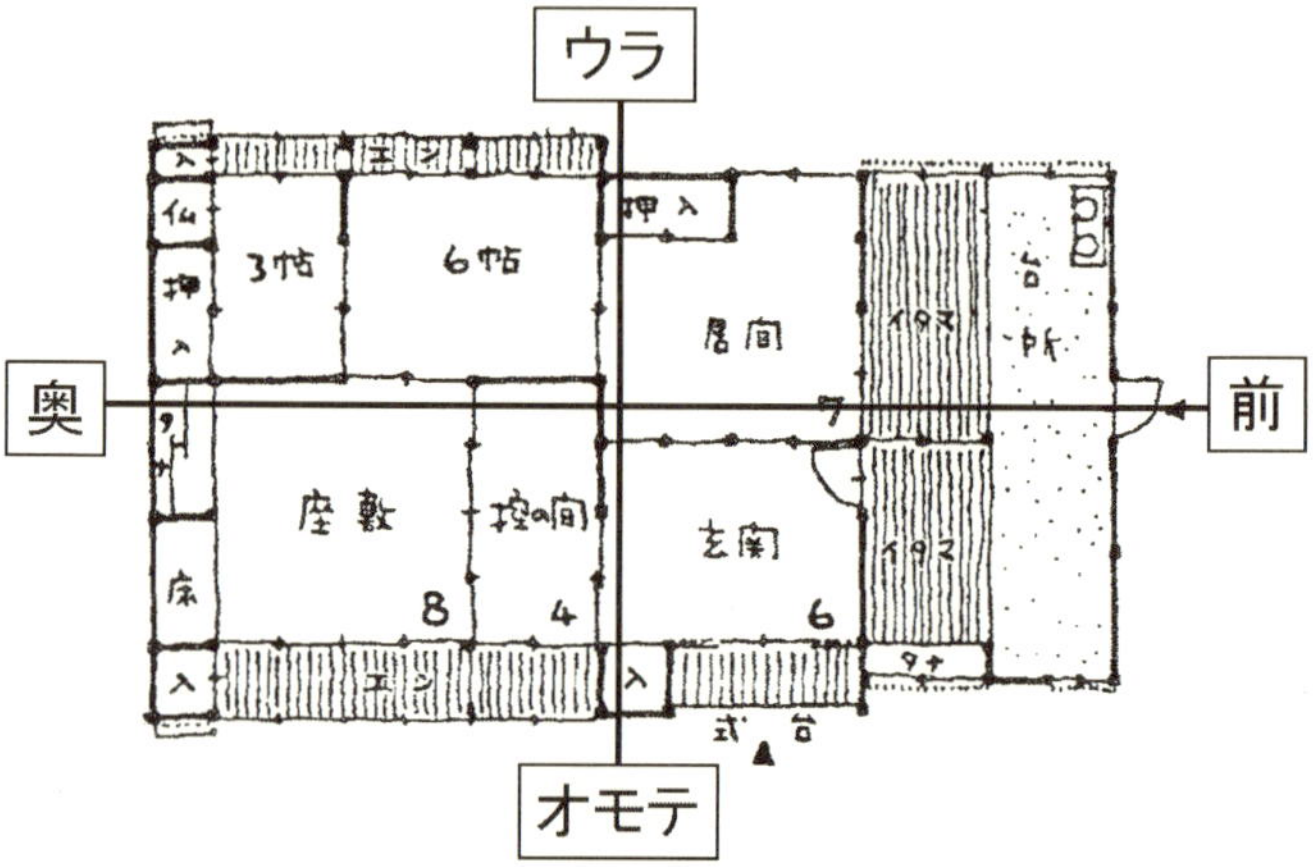

図7－3　伝統的住宅の構成原理

図7－4　奥の空間

座敷より玄関側をみる。廊下がなく部屋が襖で仕切られ奥に続いている（大分の武家住宅）。

もう一つの「前と奥」は、空間の序列を示している。廊下がなく、襖や板戸で部屋が続く構成では、入口から奥へ進むほど部屋の通り抜けがなく安定する。言い換えれば、空間の序列が高まる（図7-4）。そして、この序列が、順位制集団の作法と密接に関わっていたと考えられる。

以上の二つを組み合わせると、伝統的な住まいの空間構成を理解できる。順番にみてみよう。

「オモテ」の空間における前と奥の序列の大切さ

オモテの場の代表は、座敷だ。しかも、重要な点は、座敷に入るには、玄関を通り、控えの間や次の間

（呼び名は地方により異なる）を通って、一番「奥」まで入ることだ。つまり、オモテの奥に位置する。

ここは、大切な客を接待する場であり、また、結婚式や葬式などの儀礼の中心となる場だ。まさに、家の対社会性を担う場の中でも、最も奥に位置する特別な場だ。「どうぞ奥にお上がり下さい」という言葉があるが、このような空間構成においては、来客に敬意を払い、大切にもてなすという意味が込められている。

この座敷の「前」にある次の間（控えの間）は、中上級の武家住宅では、来客と主人との関係によって使い方が異なる。客が目下ならば客が座敷に通されるまで待機する場、客が目上ならば一家の主人がひざまづいて客を座敷に招き入れる場となった。つまり、身分関係を表現するのに適した空間であった。さらに、中上級の武家には、式台付きの玄関があり（図7-5）、改まった客を迎える最初の儀礼を行った。

図7－5　武家住宅の玄関

式台付きの玄関。家長と公式の客が主に使う。下の段で家来が控えることもあった（大分の武家住宅）。

一方、農家をみると、座敷（デイなど）の前にあるのは、村人を応対するナカマやヒロマと呼ばれる板の間の場合が多い。関東では、この板の間をザシキと呼ぶ地域があるから混乱しないようにしたい。農家では村人との会合が重要であり、楽しみでもあった。普段の会合は板の間を使うが、多人数あるいは儀礼のときは、デイを含む全体が集まりの場となった。

農家の出入口は、主に土間からだが、座敷につながる特別の玄関をもつ例が散見される。これは、領主や武士を接待した庄屋階層の農家に主にみられるものであった。逆に、一般の庶民は、門や玄関をつくることは幕府や藩から禁止されていたという。

「ウラ」の空間は家族生活の場

一方、「ウラ」の空間はどうだろうか。ここは、ハレのときの裏方となる場であり、もっぱら女や子どもの場である。

ウラの「奥」まったところには、寝室にあたる部屋がある。農家ではナンド等と呼ばれる囲われた部屋がそれにあたる。その寝室の「前」に位置するのは、台所や居間だ。

上級の武家では、家長は、女や子どもとは別に食事をとることがあったようだが、下級武家や農家では、家族全員が一緒に食事をとることが普通だ。地域による違いをみると、冬の寒さが厳しい東日本では、台所の中心にイロリがおかれ、ここで炊事はもちろんのこと、家族が食事をしたり暖をとったりした。一方の西日本では、炊事は土間にあるカマドでのことが多い。

ところで、オモテが家長の社会活動を担う場であるのに対して、ウラの各部屋は、家族の場、身内の場を表している。このため、オモテに対してウラではなく、「ウチ」という言葉を使う学者もいる。[7] それも、一つの解釈だろう。

以上、昔の住まいは、現代とは大きく異なる空間構成をもつことが分かる。一言でいえば、「オモテとウラ」「前と奥」の二つが伝統的な住まいを規定しており、それは、ハレのときの空間の秩序だてに、最もよく適合したということだ。とくに、接客や儀礼の作法に対応するために「前と奥」の序列を生かすことが必要であった。

先祖の場はオモテかウラか

ところで、イエの象徴としての先祖の場はどこに位置するのだろうか。

先祖の場とは、仏壇があったり、先祖の肖像が飾ってあったりする部屋のことだ（図7-6）。先に示した

図7-6　仏間の様子

仏壇のある間には、先祖の肖像画が飾られていることも多い（北陸地方の戦後の例）。

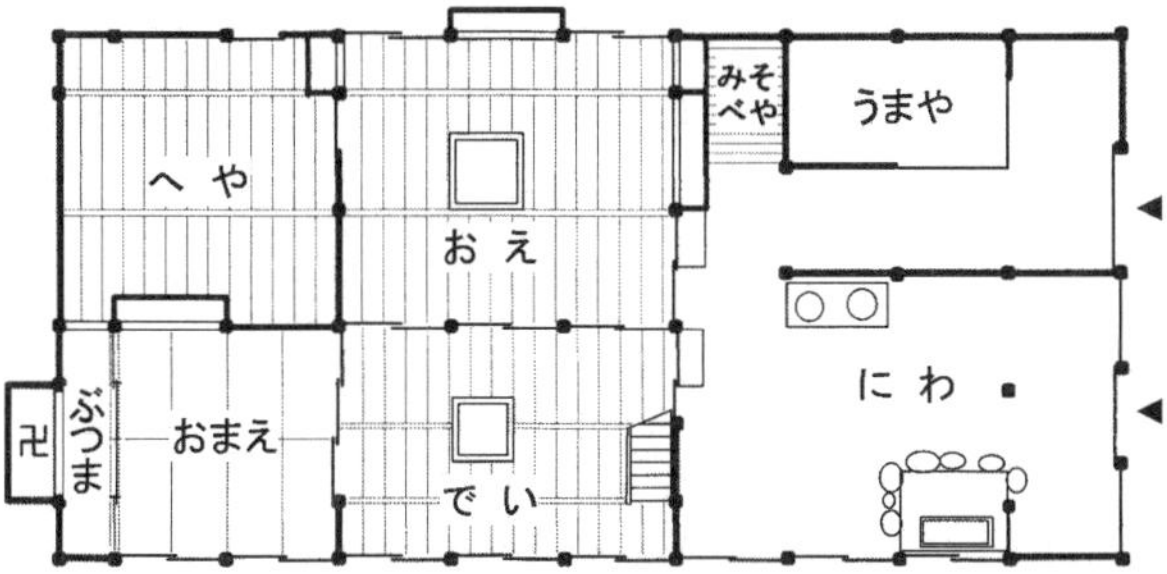

図7-7　富山県の合掌造り

ぶつま（仏間）が、おまえ（座敷）と一体的に設けられている（川崎市日本民家園）。

岩手の農家の例（図7-2）では、オカミと呼び、台所の近くに位置していた。先祖は、身内の一部だとすれば、ウラまたはウチの空間にあることも納得できる。

ただし、このオカミは座敷とつなげて一体的に利用でき、正月などに親族が集まる場として重視されている。その一方で、地域によっては、オモテの中心に仏間（ブツマ、ホトケノマ）を設けることがある（図7-7）。

これは、次のように解釈できるだろう。先祖の部屋は、イエの象徴であると同時に、仏事などの行事を行うハレの舞台でもある。後者の性格を重視すれば、座敷と一体化していたほうがよい。ちなみに、筆者の故郷の北陸では、浄土真宗が広く普及している。浄土真宗は、江戸時代の一向一揆の基盤となった強力な宗教だ。その歴史から、お盆や法事はもちろん、信仰の場として仏間が重視されている。このため、座敷と仏間を続き間として、家のオモテの場に配置することが定着している。

先祖の場の位置づけは、仏間がもっぱら先祖の場なのか、それとも信仰の場として行事を重視するのかで異なるといえる。

家父長制は順位制集団の原理に従う

さて、もう一つ注目したいことは、このような空間構成の背景にある家族像だ。武家および戦前の農家等では、家父長制のもとで女や子どもは自立した権利をもたないとされた。そこでは、家長を頂点とした家族内の順位が明確であり、それに伴う礼儀や作法の発達によって、集団生活を安定して営んでいた。

たとえば、家長が食べるまでは他の家族は食事を待ち、また、囲炉裏を囲む座の位置（図7-8）や、風呂に入る順番も明確に決まっていた。また、聞こえても聞こえないふりをして口外しないという規範も、ひ

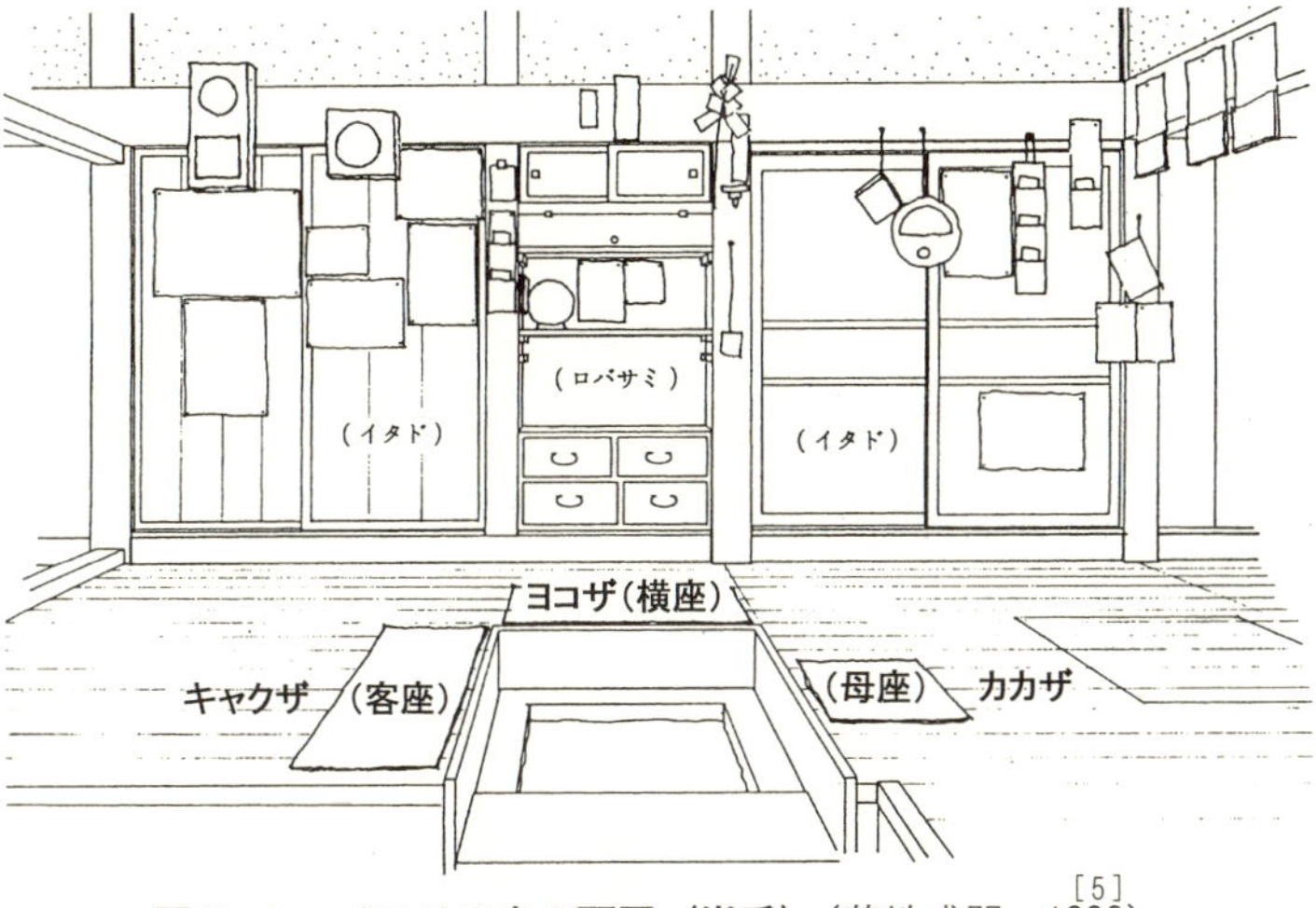

図７−８　イロリの座の配置（岩手）（菊地成朋，1999）[5]
ヨコザは主人の場であった。

とつながりの空間で暮らすための知恵だ。これらを駆使することで、個室がなくても、あるいは固い壁によるプライバシーがなくても、互いの摩擦を避けて暮らすことができたのである。

以上の結果、伝統的住宅では、「個人と家族」の場を分ける原理はみられない。それに代わって、前述した「オモテとウラ」など、家族内ではなく、家族とそれを取り巻く社会との関係を重視した空間原理をもっていた。

しかも、このような順位制は家族内にとどまらない。社会全体において上下の階層が明確であり、来客についても目上か目下か、あるいは本家か分家か、などによる応対の違いが必要であった。住まいにおいて廊下のない間取りは、部屋に「前と奥」の序列を生み出し、そのような上下関係を表現するのに相応しかったのである。

当時、人々が生きるために必要なことは、個人の要求はもとより、共同体を円滑に運営するための儀礼や接客、豊作への祈りや宗教、あるいは、農家の生産財や武家の身分を代々継承するための先祖への畏敬であった。このため、これらを重視して住宅が構成されていたのは必然といえるのである。

3　住まいの近代化の始まり

サラリーマン階層の登場と「前と奥」の喪失

住宅の近代化の走りは、大正時代から昭和にかけて普及した「中廊下型住宅」だ（図7-9）。名前の由来は、玄関から住宅を貫くように走る中廊下の登場にある。この中廊下の登場については、前出の青木正夫が詳しく調べている[2]。

まず、明治末頃に、官舎などにおいて座敷直入型と呼ぶ間取りが登場した。座敷直入りとは、次の間を通らずに、玄関から座敷に直接入ることができる間取りのことだ（図7-10）。これは、極めて重要な変化だ。これにより、「前と奥の序列」が崩れたからである。

明治末頃には、儀礼を必要とするような客が来訪する機会は減り、結婚式も神前が普及し、住まいで行うことがしだいに減っていた。とくに、都市のサラリーマンは、進取の精神をもつ核家族だ。接客や儀礼において上下関係を意識する必要は薄れていただろう。このため、次の間と座敷を使い分ける接客の作法は不要となり、住まいから前と奥の序列が失われても構わなかったと考えられる。

座敷直入型から中廊下型住宅へ

青木正夫説の要点は、この座敷直入型から、しだいに中廊下型の完成に至るというものだ。その過程で重視された要求は、一つは便所への通路を家族と来客で分けること、もう一つは、女中が働く台所等と家族の場を分けることであり、それが中廊下の登場を促したのだという。

そして、完成した中廊下型住宅をみると、玄関に近い位置に座敷がある。つまり、廊下の登場によって、部屋の通り抜けに基づく「前と奥」の序列が完全に崩壊したのである。

筆者は、中廊下を発生させる様々な理由の中で、最も重要なことは、上下関係に基づく接客を不要とするサラリーマン階層の台頭であったと考えている。これにより、「前と奥」の序列が不要になれば、各部屋の通り抜けがない廊下型のほうが、部屋の使い方が安定するからである。

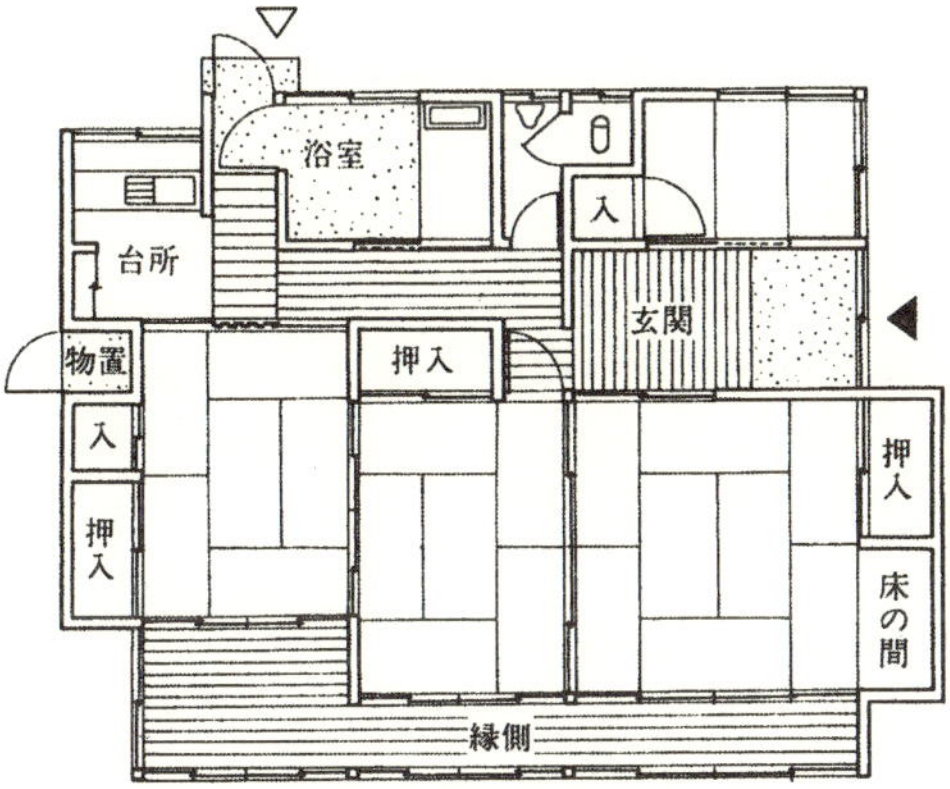

図7－9　中廊下型住宅
一般的に普及した中廊下型住宅。同潤会の分譲住宅（1929）[8]

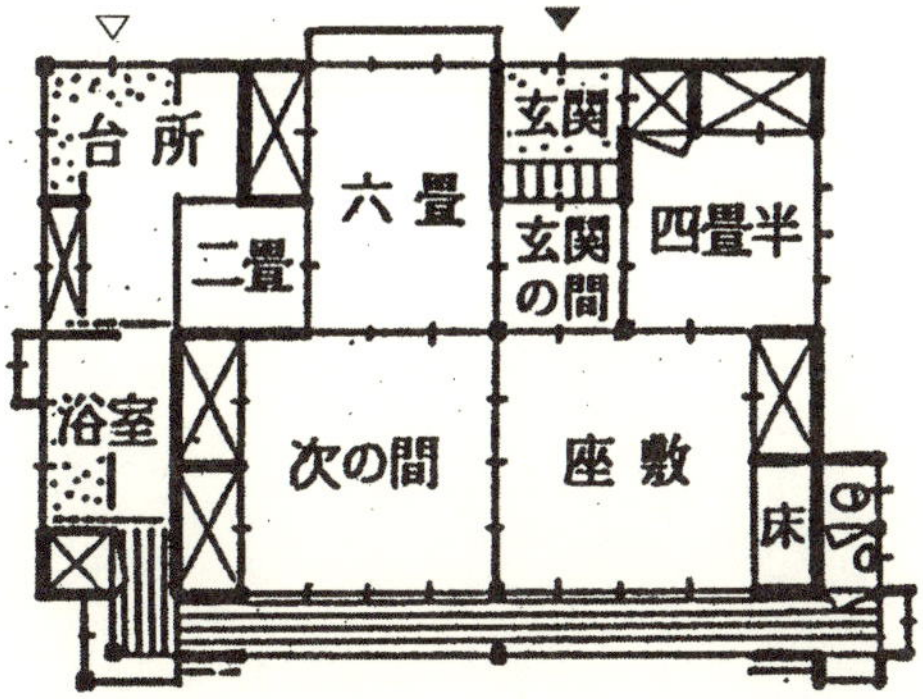

図7－10　座敷直入型（青木正夫, 2009）[2]
国鉄福島官舎（1897年頃）

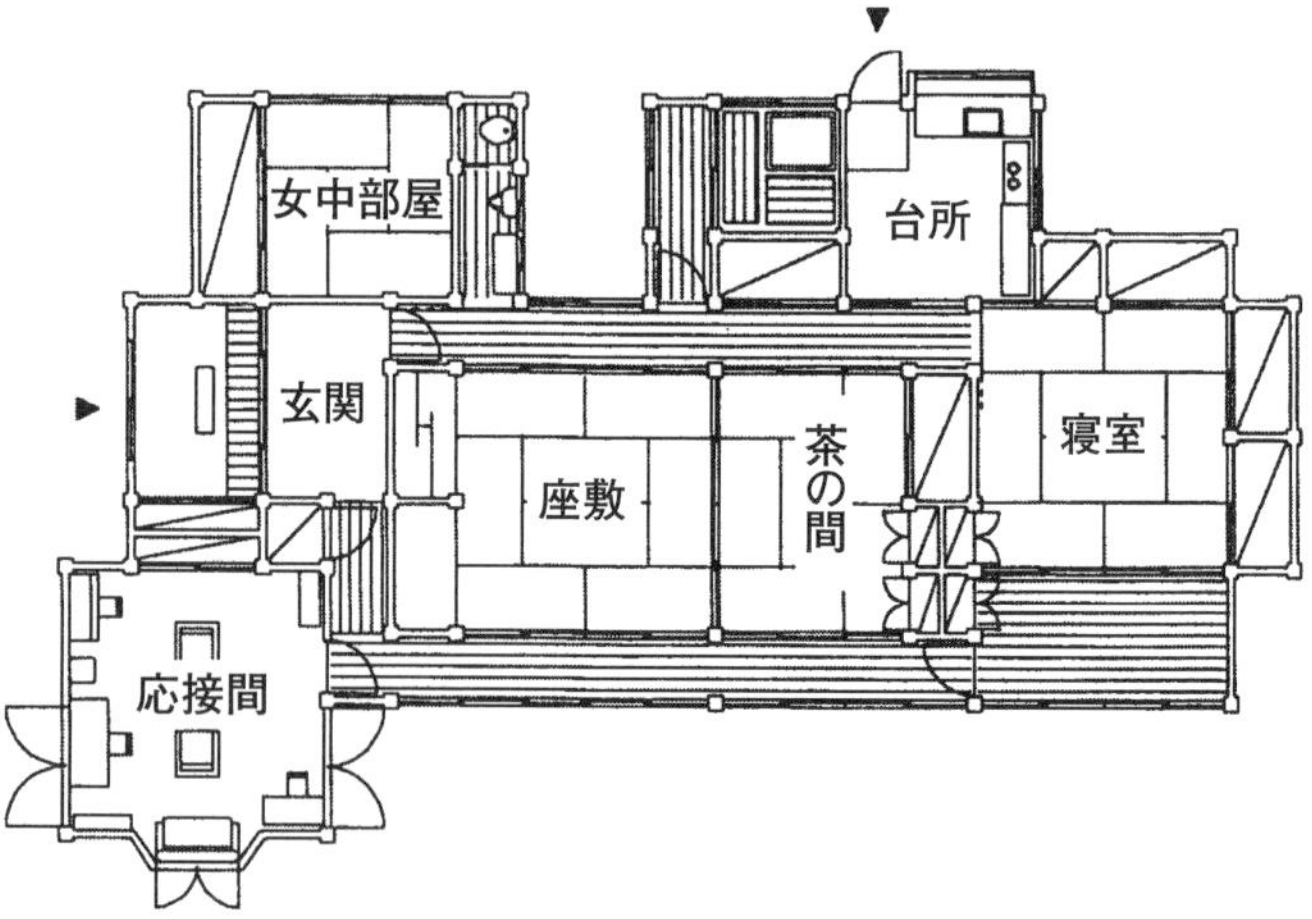

図7-11　応接間をもつ中廊下型住宅
（平井聖，1974[9]より作図）

「どうぞ奥にお上がり下さい」という言葉は、このような住まいでは、奥の座敷に通すという意味を失う。むしろ、家族が生活する居間や茶の間に通すことで、家族同様に受け入れるという意味を表すものに変質していくことになる。

中廊下型はお茶の間が南面しても封建的な間取り

ところで、青木正夫説の発表前までは、中廊下型住宅の典型として、洋風応接間を玄関脇に付加した建築家による提案（図7-11）が引用されることが多かった。

この間取りは、一見すると、接客の場を応接間にとどめることで、家族の場を重視しているようにみえる。しかも、家族の場としてお茶の間を南に面して確保している。このため、中廊下型住宅は、建築家が欧米から家族本位の思想を取り入れて設計したものだという説があった。しかし、青木らは、これを明確に否定し、建築家の力を借りることなく、社会の変化を受けて庶民が徐々に編み出したものだと主張した。確かに、この間取りをよくみると、応接間と座敷を合わせて、むしろオモテの場が広がっている。もちろん、女や子どもの個室もない。家族本位とは、ほど遠い間取りなのである。

当時は、明治政府によって導入された家父長制に基づく家制度が全盛の時代だ。それは、サラリーマン階層といえども同じであった。家族本位の住まいが実現されるのは、まだ先のことである。

アメリカ様式の住まいの登場

女や子どもの個室は、いつ頃から登場するのだろうか。

日本で民主主義を求める風潮が高まるのは、経済発展が著しい大正デモクラシーの時代だ。この時期、普通選挙の導入や男女平等を求める政治運動とともに、文化面では、それまで支配層に限られていた鹿鳴館に代表される欧米文化が、一般にも急速に浸透し始める。洋服を着たモダンガール、通称モガ。モダンボーイ、通称モボが、銀座を闊歩した。

このような風潮を背景として、欧米帰りの知識人を中心に、個室のある住まいを求める主張が登場した。その標語となったのが、「接客本位から家族本位へ」であった。これとともに、個室とリビングで構成される欧米様式の一戸建住宅が、数は少ないが建設されるようになる。そのリード役が、あめりか屋と呼ばれた住宅会社だ。あめりか屋は、名前の通りアメリカの様式を理想とした住宅を建設したが、それだけではなく、雑誌「住宅」を発行して住宅改良の運動を先導し、住宅の近代化に大きな足跡を残した。[10]

建築家による居間中心型住宅の提案

この時期の住宅改良運動の提案例として有名なものが、図7-12の居間中心型住宅だ。これは、大正十一年に開催された東京博覧会（実物大の住宅展示場）に出展された提案住宅であり、当時の建築家が理想とし

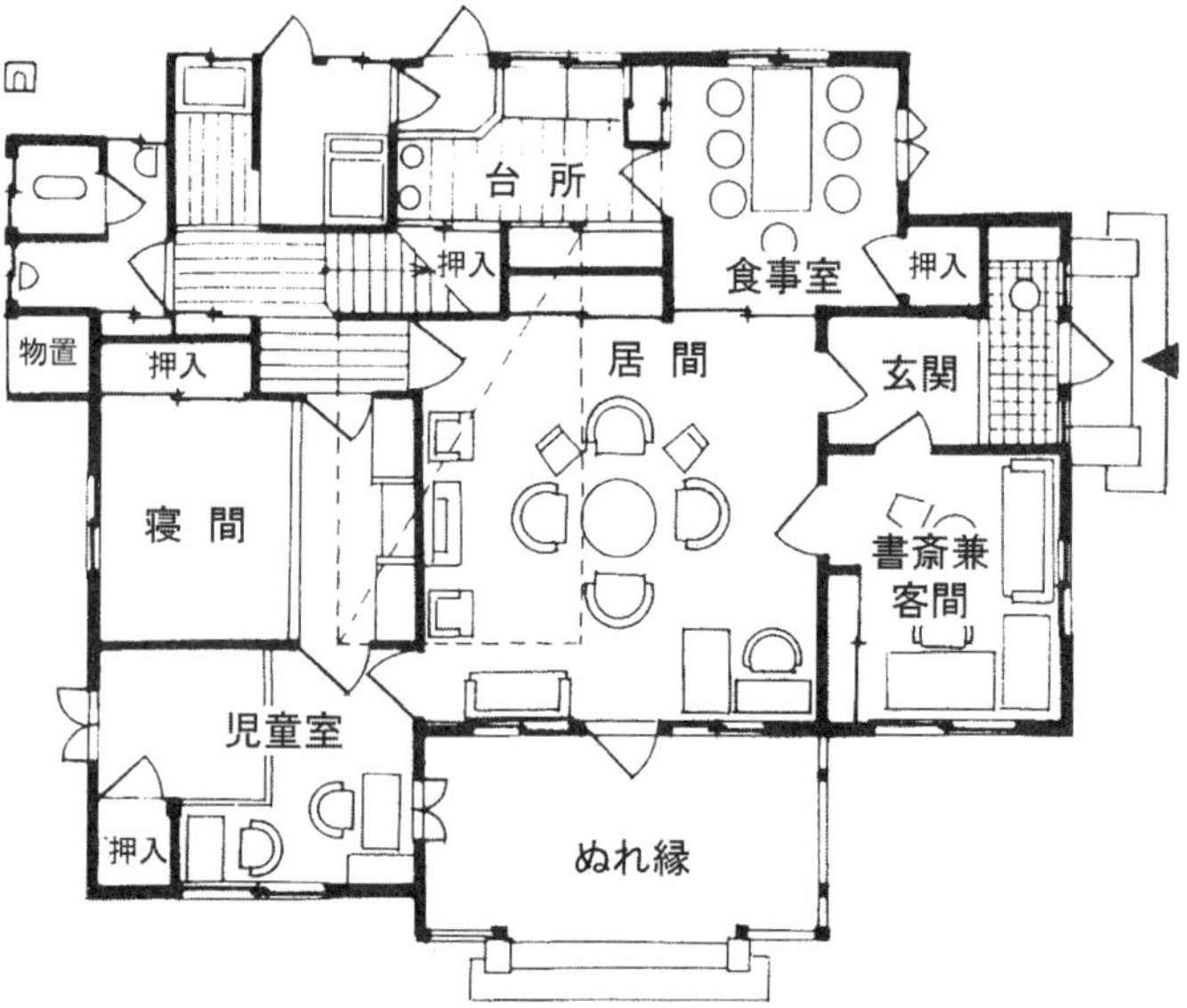

図7-12　居間中心型住宅

東京博覧会に14棟出展された住宅の一つ。生活改善同盟会出品作品（1922年）

た洋風の中流住宅のあり方をよく表していた。

そこで提唱された住宅改良のテーマは、イス式生活の普及、台所の改良、家族本位（女や子どものプライバシーの確保、家族が集まる居間の重視）などであった。居間中心型住宅は、家族が集まる居間を日当たりの良い南側の中心に配置し、子どもの個室をとり、全室をイス式の洋室としている点で、住宅改良のテーマをよく表現していた。

もっとも、このような運動はあくまで啓蒙であり、広く普及したわけではなかった。つまり、中廊下型住宅が武家住宅の延長として自然発生的に登場し、かつ広く普及したのに対して、居間中心型住宅は、欧米をモデルとした建築家の提案にすぎなかった。そこで提案された個室と居間が普及するのは、戦後の高度成長期を待たなければならない。

アパートメントハウスの登場

欧米帰りの知識人が提唱したもう一つのテーマが、石造りのアパートメントハウスの普及だ[11]。それをリードしたのは、関東大震災後の復興を目的として設立された同潤会である。同潤会は、住宅の近代化と火災に強い都市づくりを目指して、約２５００戸のコンクリート造のアパートを建設した。最近、東京原宿にあった青山アパート（図7-13）が、著名な建築家の安藤忠雄の設計で建替えられ、昔の建物デザインを一部残したことが話題となった。記憶されている方も多いだろう。

図７-13　同潤会青山アパート（同潤会十年史より）
竣工1926〜27年

ところで、その同潤会設立の少し前に、民間によって欧米様式の本格的アパートの第一号が着工されている。１９２５年完成のお茶の水文化アパートだ（図7-14・15）。江戸川乱歩の小説で有名な名探偵・明智小五郎が事務所を構えた開化アパートのモデルとなった住宅といえば親しみがわくだろう。

当時は、コンクリート造の建築費が木造の四倍近い時代であり、家賃はべらぼうに高かった。八畳一室の台所無しでも月八十円。当時の大学卒の初任給と同程度だ。室内は完全洋風で、アメリカ帰りの知識人や、国会議員、外人などが住んだという。

筆者が注目するのは、お茶の水文化アパートの実現に取り組んだ法学博士・森本厚吉教授の次の言葉だ。「維持管理費と併せてみれば家賃は決して高額ではない」。つまり、庭の維持管理費や暖房費がかからず、さらに女中も不要だから家賃は高くないというのだ。これはどういうことだろうか。

図7-14　お茶の水文化アパート（東京横浜復興建築図集，1931年）
竣工1925年

図7-15　お茶の水文化アパートの純洋風の室内（同上）

女中雇用が困難になった中流階級

この時期の住宅において、女中の存在は鍵の一つだ。たとえば、前述した中廊下型住宅においても、女中と家族の場の分離が、中廊下を成立させた理由の一つとされている。そこで、住宅と女中の関わりについて、みてみよう。

最初に、女中とは何かを簡単にたどっておこう。

明治初期までは、貧富にかかわらず花嫁修業の一環として女中奉公を行う慣習が残っていた。受け入れ側も、自分の娘のように扱い行儀をしつけたという。そして、女中の下には、さらに下働きをする下女がおり、これは貧しい家の子女の働き口であった。

ところが、明治中頃から女中の性格は徐々に変化する。学校等での女子教育の定着により花嫁修行としての奉公はなくなり、代わって、近郊農村等の子女による賃金を介した現代的雇用関係に変化していった。言い換えれば、かつての下女が女中になったのである。これとともに、雇う側も親代わりという意識が薄らぐことになる。

このような変化は、家族と女中の生活の場を分ける要求を強めることになった。実際、大正八年の雑誌『主婦の友』には、「女中を廃して味わった気楽な生活」と題して、ある主婦が、女中を実家に返して気兼ねなく生活できて気楽だと述べた文章が掲載されている（注［2］の65頁）。とはいえ、当時は、洗濯機やミシンのない時代で家事は重労働であり、上流階級ならば、女中を雇うことは当たり前であった。では、中流階級は、どうだったのだろうか。昭和五年の国勢調査から女中がいる世帯の割合を集計すると［11］、法律家で51％、医者で36％と女中の比率が高いが、その他の中流階級では15％程度と低い。

この背景にあるのが女中不足だ。大正時代に入ると、繊維工業や都市サービス産業の急速な発展が女子の労働力を求め、その賃金は急上昇する。これとともに、近郊農村等の子女は、女工・女給等へと進出した。先に主婦の文章を紹介したが、その逆も真だ。つまり、主婦側が気疲れするようでは、女中側は、もっと気疲れしたはずだ。女中は、若い女性にとっては人気職場ではなくなったのである。

そのような中で女中を募集するためには、賃金を高くしなければならない。明治時代は女工の半額程度であった日給が、大正時代には急上昇した。女中は、住み込み食事付きで、ときどきは被服も提供されたから、実質賃金は女工なみに上がったといってよい。それにもかかわらず敬遠されたわけだ。

図7-16は、銀行員と女中の賃金格差を示したものだ。大正から昭和にかけて急速に格差は縮まり、大正末には5倍程度になっている。普通の中流階級は、銀行員でさえ、気軽に女中を雇える状況ではなくなったことが分かる。実際、大正十一年四月号の主婦の友では、女中を雇うことが難しくなったことを嘆いて、家事労働の軽減を求める主婦の意見が掲載されている。

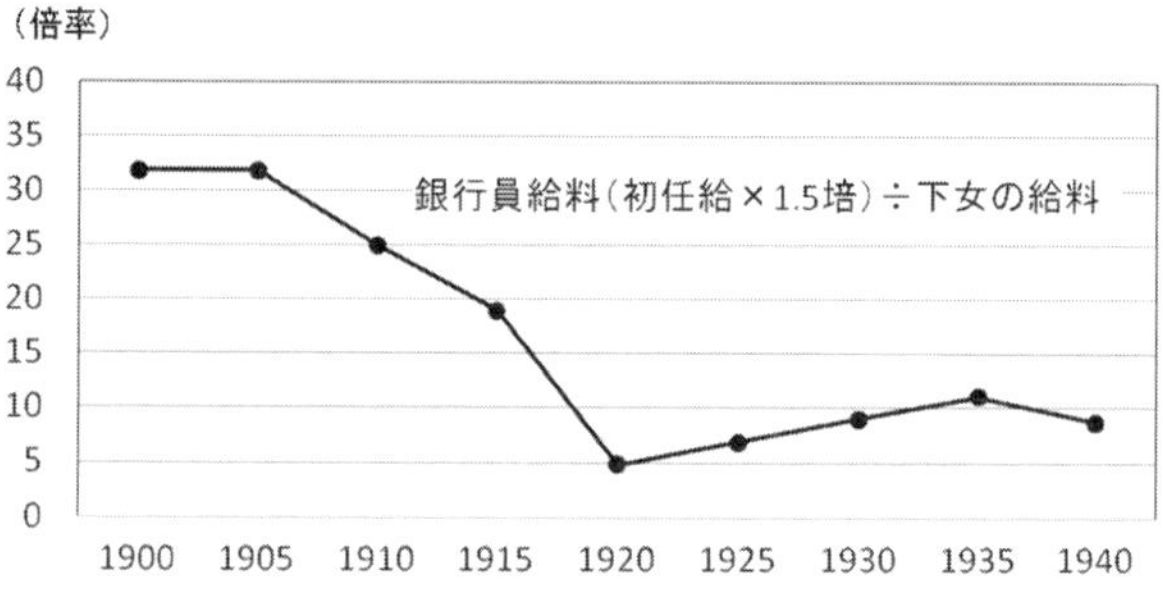

図7-16　女中の賃金格差（『物価百年』『日本帝国統計年鑑』より推計して作成）

中廊下型住宅や居間中心型住宅の典型例には、女中室がとられている。このため、住宅の近代化を語るときには、「戦前の中流階級には女中がいることが普通であった」とされてきた。しかし、この認識は、大正末になると明らかに誤りなのである。

家事労働の軽減が近代化の目標

では、なぜ、そのような誤解が生じたのだろうか。それは、従来の近代史は、もっぱら雑誌などに掲載された記事や間取り図に基づいて組み立てられ、そのような住宅は、中流といっても建築家が関心をもつような特別な住宅であったからだ。つまり、裕福な建主の住まいであり、そこでは確かに女中は一般的であった。先に青木正夫が近代史を書き換えたと述べたが、青木は、雑誌に掲載された住宅ではなく、現実に残存する中流住宅を調べたのである。その結果、従来の学説では、中廊下型住宅の特徴とされてきた洋風応接間は、建築家が提案した特別な住宅の特徴であったことを発見した。一般の中廊下型住宅は、庶民が徐々に改善し、そして完成に至ったものであることを明らかにしたわけである。

当時、洋服細民（洋服を着た貧民という意味）の言葉で皮肉られたように、中流階級においても上下の格差は広がっていた[12]。それほど所得の高くない中流階級では、女中の雇用は夢であり、女中がいなくても済む住宅、つまり、家事労働の合理化が切実な要求となっていた。当時、炊事や洗濯は重労働であったからである。

このような社会状況は、森本博士の「家

図7-17　お茶の水文化アパートの新聞広告

賃は高くない」という言葉を説得力のあるものにする。お茶の水文化アパートでは、一階に宴会室やレストラン（図7-17）、それに洗濯室を設けていた。そこでは、料理人、女給、洗濯人がいる。森本博士は、各家庭で一人の女中を雇うことに比べれば、このように共同で雇用したほうがはるかに安上がりであり、これによる家事労働の軽減をアパートの大きなメリットとしたのである。

女中難を契機とした家事労働軽減の要求は、アパート人気を支える一つの理由であった。それは戦後に引き継がれ、ダイニングキッチンの発展につながることになる。

4　戦後におけるダイニングキッチンの登場

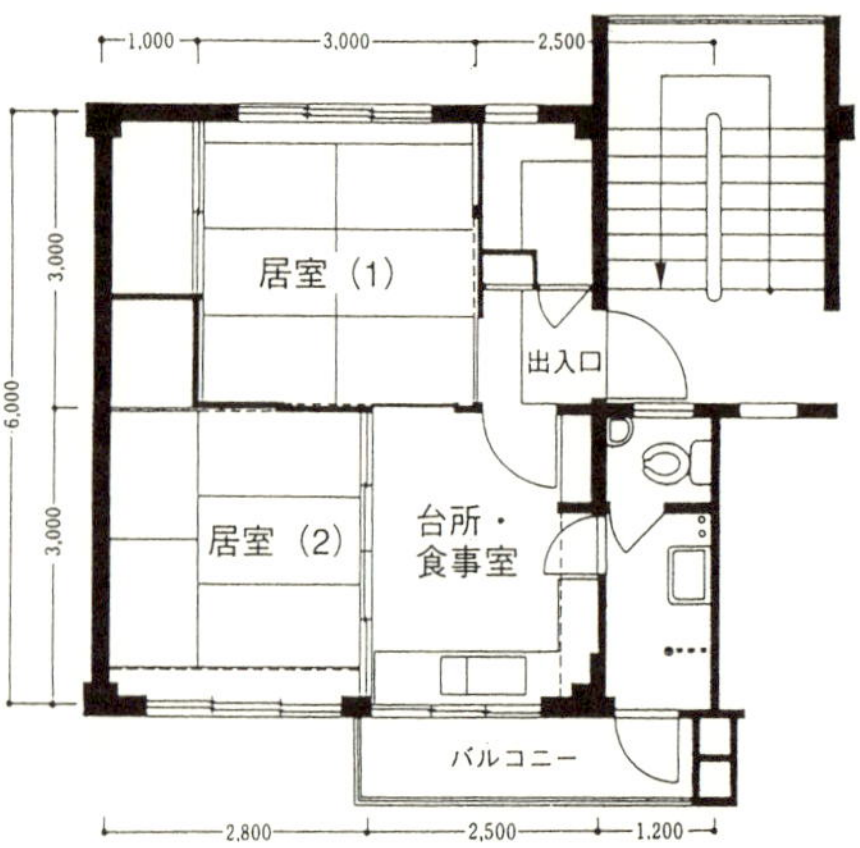

図7-18　公営住宅51C型[13]
東大吉武研究室提案による北入りの原型。

戦後復興期における２ＤＫの登場

新しい都市住宅を求める動きは、第二次大戦の勃発により、一旦途絶えた。戦後は、大量の住宅が焼失した中で、貧しい住まいからの再出発となった。民間経済は戦争により壊滅的打撃を受けており、住宅の近代化をリードしたのは、もっぱら政府による公共賃貸アパートであった。

政府は、戦争で焼失した木造都市の弱さを目の当たりにして住宅の不燃化を目標にかかげ、コンクリート造の

図7-19　51C型の室内
提案に関わった鈴木成文教授の撮影による。

アパート建設に力を入れた。そのような中で、１９５１年に公営住宅の標準設計として提案されたのが、ダイニングキッチン（ＤＫ）の原型として有名な５１Ｃ型だ（図7-18）。51は１９５１年のこと、Ｃ型は、３タイプあった標準設計のうち、最も小さなタイプを表していた。当時の貧しい時代にあっては、面積が四十平米に満たないＣ型の建設が大部分を占めたため、この間取りは、その後の日本の住まいに大きな影響を与えることになった。

５１Ｃ型の提案に関わった鈴木成文（後の東大教授）は、当時、住宅研究の祖といわれた西山夘三が提唱していた「食寝分離」（食事と寝る場所の分離）と「隔離就寝」（親と子の寝る場所の分離）を参考にしつつ、同じ広さでも部屋配置が違うと住み方が異なることに着目した。それを踏まえて、間取りを工夫した５１Ｃ型を組み立てたという。そこで提案されたのが、食事のできる台所、その後のダイニングキッチンであった。[13]

狭さの克服を目的として登場したＤＫ

あまり知られていないことだが、重要なことは、狭い面積の中で2室＋ＤＫとして提案されたことだ。つまり、もし台所の他に3部屋確保できる広さがあれば、一つを食事室、一つを夫婦寝室、一つを子ども部屋にすれば、食寝分離と隔離就寝は達成できる。実際、面積が広いＡ型とＢ型はダイニングキッチンを採用し

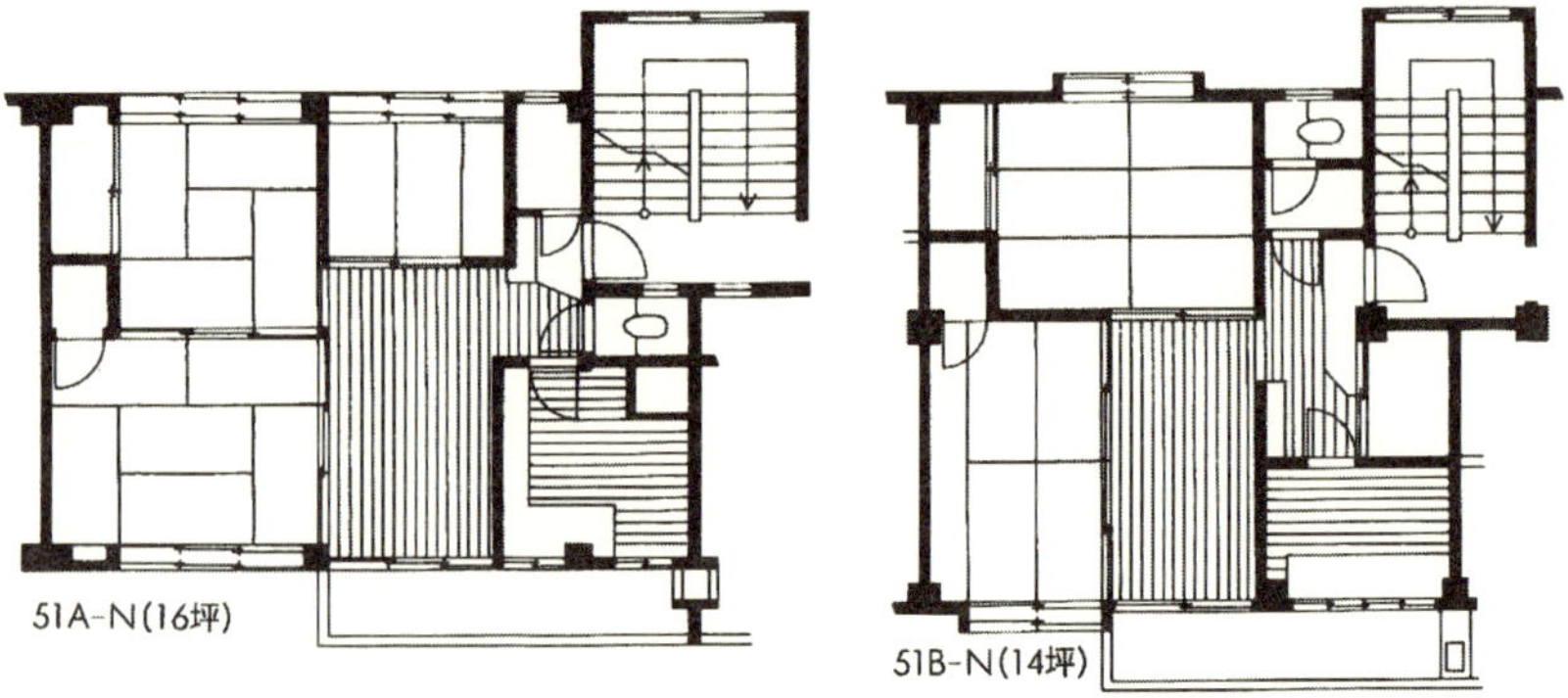

図7-20　51A型とB型
広い面積の標準設計ではダイニングキッチンは採用していない。

ていない（図7-20）。しかし、当時は、それを許さない窮乏の時代だ。四十平米に満たない狭さでは、台所を広くして食事ができるようにするしかない。こうして苦心して提案されたのがC型だ。しかも、部屋寸法も切りつめている。ひとまわり狭い「団地サイズ」の登場であった。

この間取りは、1955年に発足した住宅公団の2DKプラン（図7-21）に引き継がれた。もっとも、公団設計部は51C型を知らなかったそうだ。[14] しかし、公務員宿舎や公営住宅の現物を参考にして2DKを設計したというから間接的に引き継がれたといってよいだろう。

住宅公団によるダイニングキッチンの導入

1955年、住宅公団が発足した。公団の目的の一つは、大都市の住宅不足を解消すること、もう一つは、政府の資金不足を補うために、民間資金によって住宅づくりを進めることであった。このため、家賃は高かった。そこで、高い家賃にみあう付加価値として公団が注目したのが、ダイニングキッチンだ。このことが、住宅の狭さの克服という2DKプランの性格を変質させることになった。

公団は、ダイニングキッチンに、ステンレス流し台やイス式生活を導入し、そこを近代的な空間に仕立てた（図7-22）。食事室兼台所という呼称も、いつのまにかダイニングキッチンとなり、ＤＫと表記するようになった。

当時、ステンレス流し台は高価な輸入品であった。このため価格を引き下げなければならない。そこで、公団は大量発注できる強みを生かして国産化を呼びかけ、それに応えたのが、当時は小さな町工場にすぎな

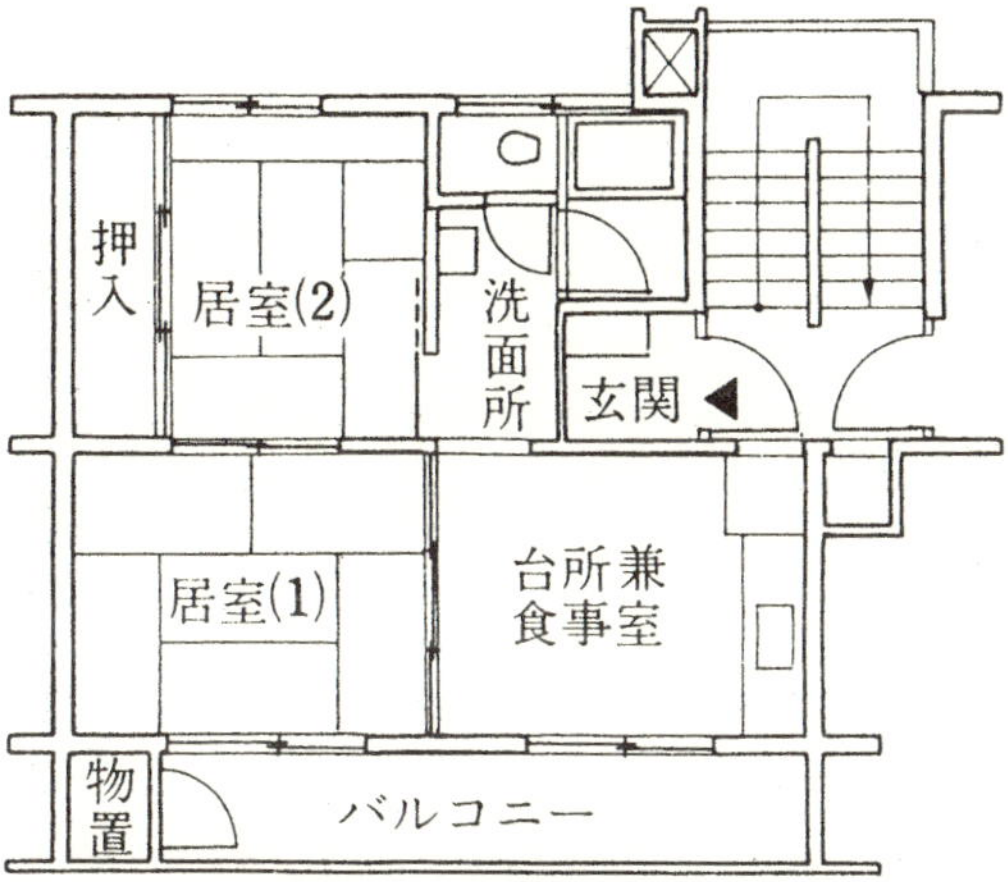

図７-21　住宅公団の2DK

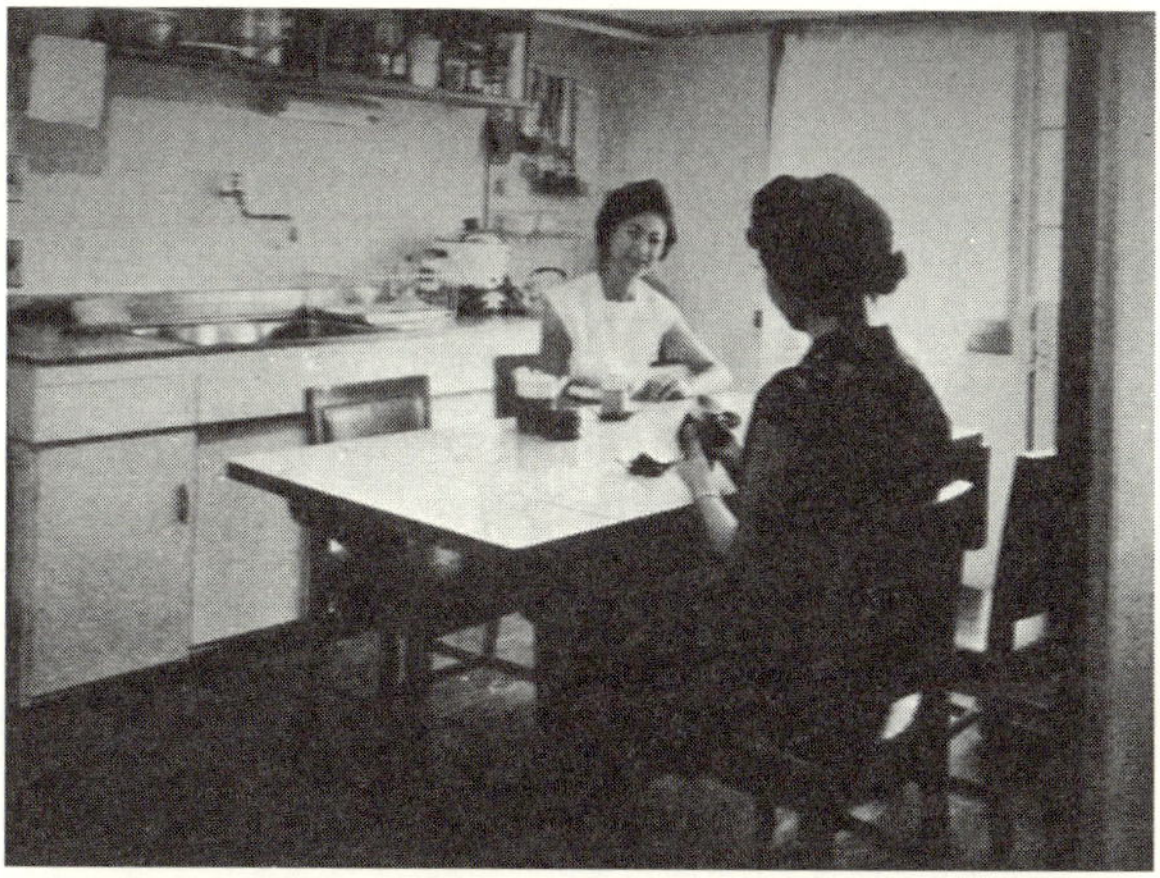

図７-22　公団のDK（『住宅年鑑』1964）

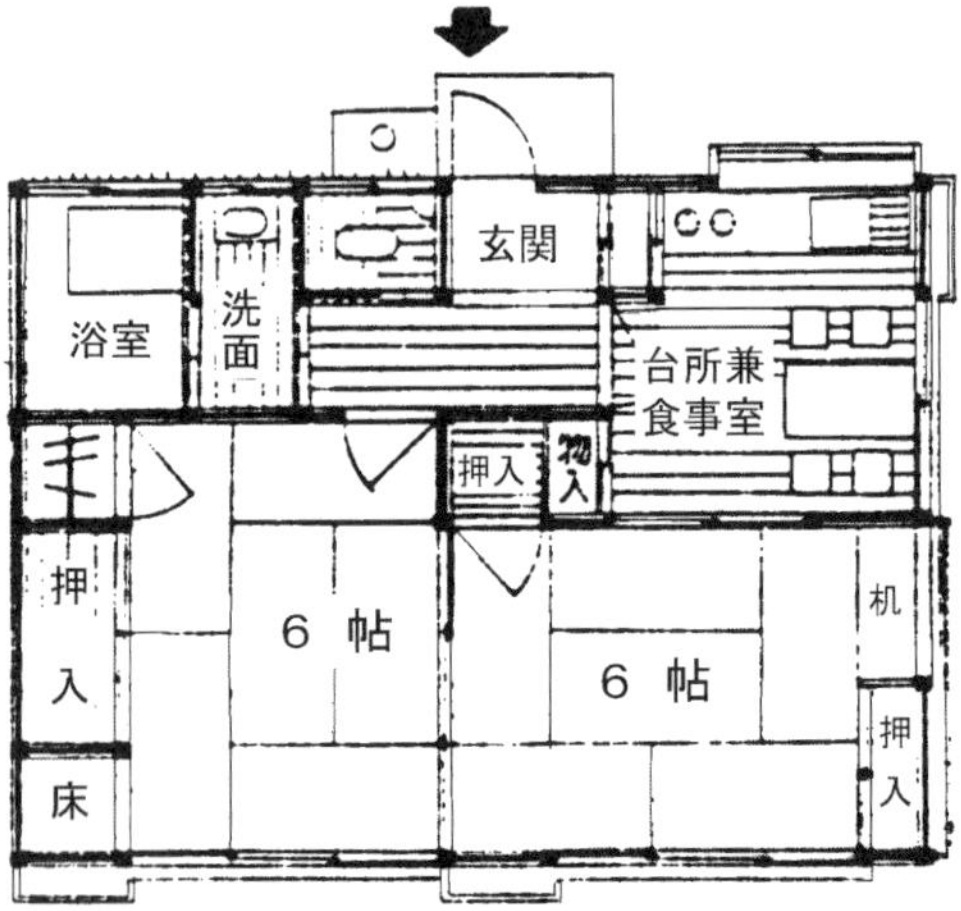

図７−23　DKを設けた一戸建住宅（住宅金融公庫の平面図集，1957年版より）

かった菱和（後のサンウェーブ）だ。試行錯誤のすえ、ついに価格を約１／４に引き下げることに成功し、これ以後、一般の戸建住宅でも、ステンレス流し台が普及していくことになる。

一方、イス式生活の普及のために、公団はテーブルとイス付きで部屋を貸した。当初、それが引っ越しのたびに無くなったという。困った公団は、テーブルを床に鎖でつないだというエピソードが残っている。それほど、近代化にこだわったわけだ。

これを通して、ＤＫは、主婦の家事労働の負担を軽くした。しかも、南に面した快適な場所にある。いつのまにか三種の神器（テレビ、洗濯機、冷蔵庫）が置かれる部屋となり、世間の主婦のあこがれの的となっていく。公団アパートの応募倍率は何十倍、何百倍。今日では想像できないほどの人気ぶりであった。

戦前の住宅改良のテーマであったイス式生活の導入、家族が集まる場の南面化、家事労働の軽減が、ここに見事に実現したのである。このようにして、ＤＫは近代化の象徴となり、住宅の面積が広くなっても３ＤＫ、４ＤＫとして、ＤＫがつくられ続けることになる。

一戸建住宅にも普及したDK

一方、公団アパートの影響を受けて、一戸建住宅においてもDKが急速に普及した。それをリードしたのは、住宅金融公庫であった。公庫は、1950年に持ち家建設への融資を目的に設立された組織だが、注目すべきは、標準図面を掲載した「木造住宅平面図集」を作成したことだ（図7-23）。この標準図面を採用すれば、融資を受ける際の審査が省略できるため人気があり、一戸建住宅の間取りに大きな影響を及ぼした。1968年には、実際に注文があった標準図面の約6割にDKがとられていたという。[15]

いずれにしても、都市サラリーマンに相応しい住宅像の確立は、戦後の住宅政策の三本柱であった公営住宅、住宅公団、住宅金融公庫を通して、公共主導で進められたのである。

個室の未確立と外部に対する閉鎖性

戦後の住宅の近代化をリードした公共アパートであったが、次の二点に注意しておく必要がある。

一つは、個室の確立は進まなかったことだ。当時のアパートでは、襖でつながった開放的な間取りが人気であった。入居者の多くは子どもが小さい家庭だ。壁で仕切った個室への要求よりは、狭い住宅の中で通風や開放感を得ることが優先された。実は、先の51C型も最初の標準設計では、北の和室と南の和室の間は壁として、個室としてのプライバシーに配慮していた。しかし、その壁は不評であった。このため、全国各地に建てられるときには、その壁を襖に変更した間取りが採用された。個室よりも開放感や通風を重視したわけである。

もう一つは、住まいの外部に対する閉鎖化を促したことだ。閉鎖化とは、一つは文字通り、コンクリートの壁によって外部から遮断されたことだ。このため、鉄の玄関ドアを閉めてしまえば、外から中の様子は分からない。もう一つは、近所付き合いや接客の機会が減ったことだ。つまり、住宅は外部から隔離され、昔の住宅がもっていたハレの場もほぼ失われた。

住まいの閉鎖化は、公共アパートの特徴というよりは、核家族サラリーマンによる職住分離の暮らしが生み出したものだろう。サラリーマンは、仕事関係の接客を自宅で行う必要がないからである。そして、そのようなサラリーマンが集まる街が、住宅団地というかたちで初めて登場したことの衝撃は大きい。閉鎖的な住まいと暮らしのイメージは、団地族という言葉とともに世間の関心を集めた。コンクリートの箱の中での秘められた情事を描くロマンポルノ（1971年に始まる団地妻シリーズ）さえ登場し、興味本位を含めて、外部から切り離された生活のイメージに関心が集まったのである。

5　リビングルームと個室の普及

リビングルームの普及

昭和三十年代後半、東京オリンピックの前後になると、テレビの爆発的普及とともに、テレビのあるリビングルームを確保する住み方が増えていった。具体的には、和室をテレビのある団らんの場にしたり、DKの片隅にソファーセットをしつらえたりする住み方がみられるようになった。これを受けて、住宅公団の標準設計においても、リビングルームをもつLDKタイプが登場した。1960年代のことだ（図7-24、7

－25）。

ところで、リビングルームの登場は、ＤＫとは異なり公共アパートが先導したわけではない。戦前から居間中心型等のリビングルームをもつ間取りの提案があり、さらに、戦後においても俳優が住んだとして有名な東急三田アパートでは、写真のようなリビングがとられていた（図7－26）。それが、１９６０年代には、高級住宅だけではなく、一般の住宅にも普及していった（トピックス４）。

一方、個室はどうだろうか。公共アパートにおいて、壁で仕切られた本格的な個室がつくられるのは、住宅面積が拡大し、３ＤＫや３ＬＤＫの間取りとなってからだ。とはいえ、当時の入居者の夢は、子どもが中

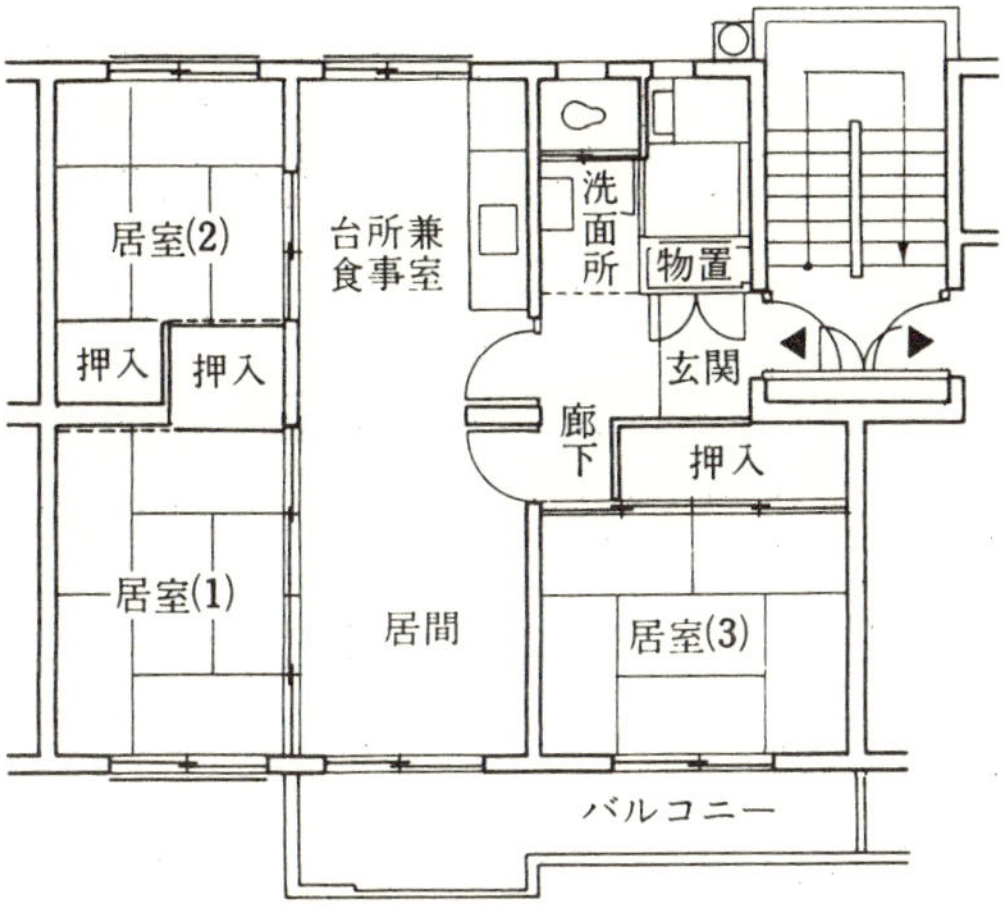

図７－24　LDKをもつ標準設計（住宅公団，1963年）

図７－25　公団のリビングルーム（『住宅年鑑』1964より）

高校生になる頃には、持ち家一戸建を購入して転出することであった。このため、アパートで複数の子ども部屋を設ける要求は、必ずしも強いものではなかった。

図7-26　民間高級アパートの居間（『住宅年鑑』1964より）
東急三田アパートと推定される。

トピックス4　トリックルダウン理論

日本でのリビングルームの普及過程は、戦前に上流階級が採用し、その後、戦後の高度成長期を通して中流階級に波及するという経緯を歩んだ。この現象は、トリックルダウン（流れ落ちる）と呼ぶ流行理論で説明できる。

この理論は、新しい様式は、上流から中・下流に波及するとみるものだ。その理由としては、新しい様式は、高価であったり異文化の様式であったりすることがある。このため、資金力があり欧米文化に親しむ上流階級から採用が始まる。その後、大量生産等による価格低下とともに中・下流へと波及していくことになる。

下図は、昭和四十九年の民間マンションの間取りを分析したものだ。高価格帯ほど洋室化が進んでおり、同理論に従っていることが分かる。住宅分野では、この他にも、床の間や畳敷きの和室についても、支配層に始まり、その後、地方の豪族や庄屋階層に波及していったとされる。このように、住宅様式には、トリックルダウン理論で説明できる事象が多い（注[11]の文献に詳しい）。

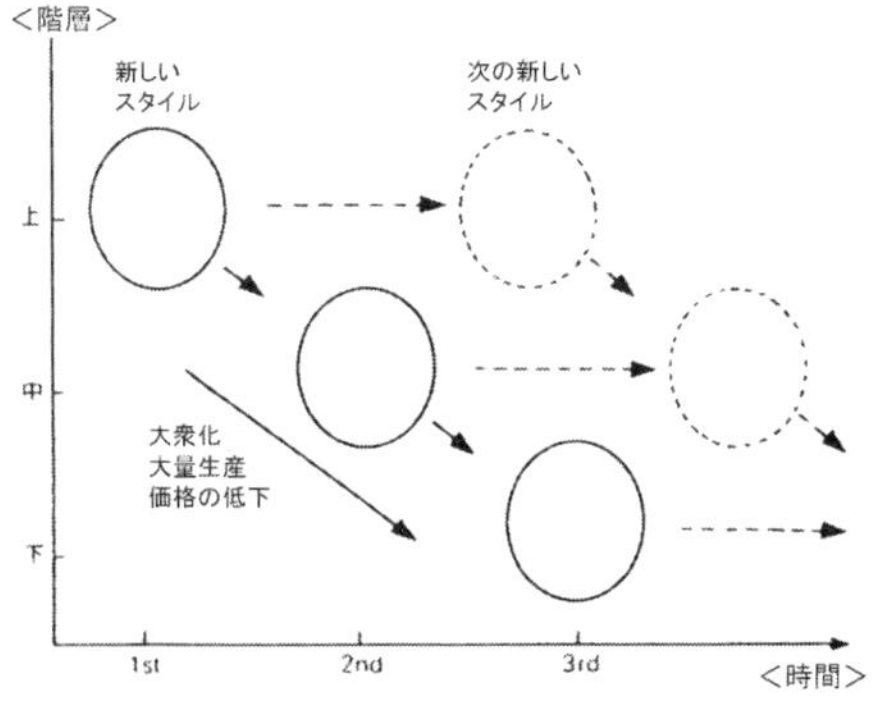

図7-27　トリックルダウン理論

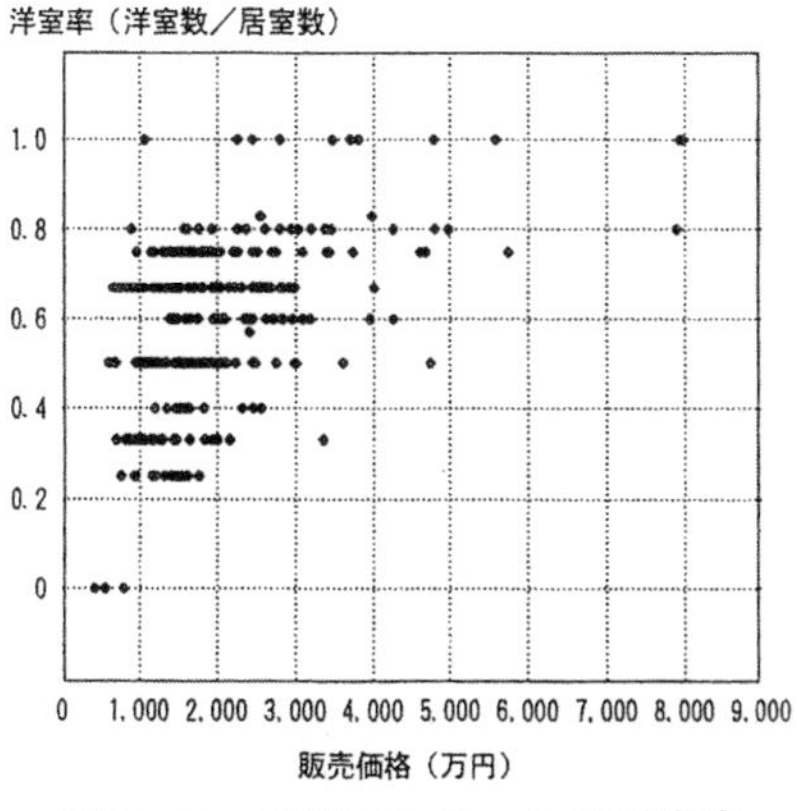

図7-28　民間マンションの洋室率

個室の確保は一戸建住宅が先行

子どもの個室確保は、むしろ一戸建住宅が先行した。高度成長期になると、地価高騰を受けてしだいに二階建化が進み、これに受験戦争の始まりが重なって、二階を子ども部屋とした間取りがみられるようになった。もっとも、この部屋が子どものプライバシーを尊重した個室であったかどうかは疑わしい。当時、子ど

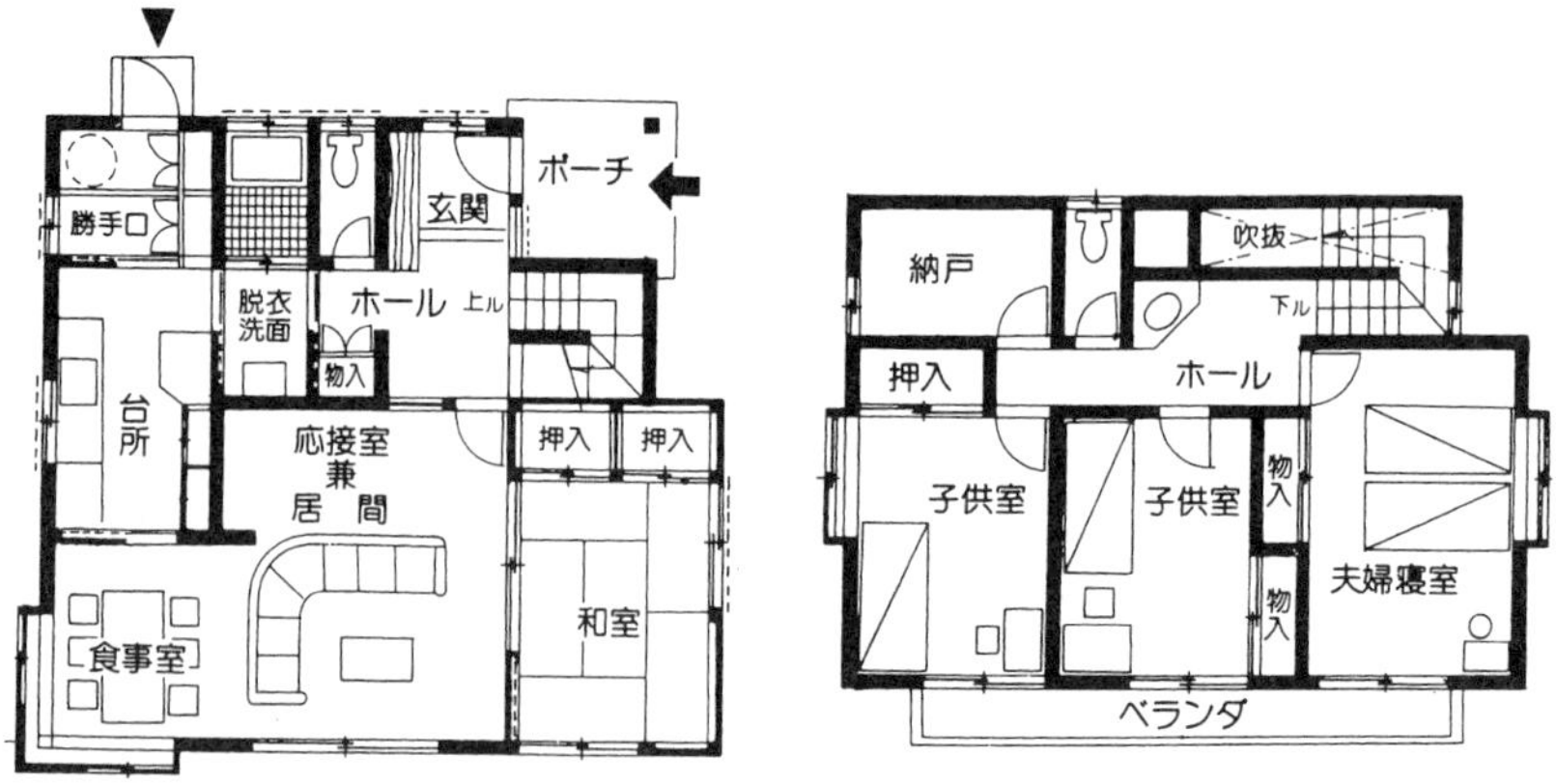

図7−29　個室とLDKによる間取り（1980）

も部屋は「勉強部屋」と呼ばれることが多かったように、テレビのある居間から離れて静かに勉強に専念する部屋という性格が強かった。

　とはいえ、以上の経緯を経て、1970年代になると、リビングルームと個室で構成された3LDKや4LDKの間取りが増えてくる。大正デモクラシーの時代から続いた欧米化の流れは、間取りの上では、ようやく定着してきたのである（図7−29）。

　ところで、この間取りのことを、「公私分化」という言葉で表すことがある。つまり、親や子どもの「私室」を確保しつつ、これとは分離して、家族が集まる居間や食事室である「公室」を確保するという意味だ。公私分化の呼び名は、家庭内でありながら「公室」と呼ぶことの違和感から拒否する意見もあったが、今日、住宅学者の間では、「公私室型住宅」という呼び名で定着している。

　ここに至って、都市サラリーマン住宅では、昔のオモテとウラ、前と奥という構成原理に代わって、「公と私」あるいは「個人と家族」という構成原理が支配的になったわけである。あわせて家父長制は衰退し、家族本位やマイホーム主義の意識が定着していった。

6　近代化の見直しの動きと *n*ＬＤＫの定着

地方における続き間座敷の根強さ

さて、１９７３年のオイルショックに始まる経済混乱は、高度成長を謳歌していた日本の状況を大きく変えた。住宅においても性急な近代化を見直し、伝統文化や人間らしさを大切にしようとする動きが強まった。その一つに住宅の地方性への関心の高まりがある。各地方の気候風土や住文化に配慮をした住まいを評価しようとする動きだ。その中で、とくに住居学者にショックを与えたのは、地方では、依然として「続き間座敷」が根強く造られていたことだ[16]。

続き間座敷とは、和室が襖でつながった空間のことである（図7-30）。一部屋は床の間のある座敷、もう一部屋には仏壇があるというのが典型だ。このような続き間座敷は、封建的なものであり、家族の民主化とともに無くなると思われていた。しかし、地方では、なんと新築住宅であっても造られて続けていたのである。

その理由は何だろうか。確かに、襖を外せば広く使えるため、親戚が集まる法事や葬式に便利だ。また、都会に出た子どもたちの帰省時にも活用できる。さらに開放感があって気持ちが良い。このような機能面の良さはある。しかし、そのような使い方は一年に数回あるかどうかであり、その意義は便利さだけでは説明できない。やはり理由としては、代々続くイエを表す象徴としての場、あるいは親族が集まる場としての理由が大きいだろう。つまり、地方都市の代々続く定着層を中心として、住宅を日常生活の場としてだけではなく、依然としてハレの場としても重視する意識が根強く残っている。このことの大切さを再認識させたのである。

面白いことに、それらの住宅でも、リビングルームや個室は洋室化が進んでいる。その中で、接客の場だけは、続き間座敷という昔の様式を残そうとする。これは、ハレとケの場の和洋が、時代とともに逆転するという興味深い現象だ（トピックス5）。

図7-30　続き間座敷の例

二つの公室をもつ間取りの提案

一方、昭和五十年代になると大都市でも住宅面積の拡大を受けて、接客やハレの行事を住宅に取り込もうとする提案が登場する。つまり、宴会場、喫茶店、レストラン等の都市施設へと外部化していった接客やパーティを、再び、住宅に取り戻そうとするものだ。

その典型は、初見学らによる「二公室型住宅」の提案だ（図7-32、7-33）[17]。この提案では、従来のリビングルームには、家族向けと来客向けの二つの要素が混在しているとして、それらを分離し、二つの公室を設けようとした。もちろん、昔の格式張った接客とは異なるため、散らかしてもよい子どもの空間と、接客やパーティなどの大人の空間という区別を提唱している。つまり、オモテとウラに加えて、大人と子ど

トピックス5　ハレとケの和洋の逆転

現代住宅と戦前の住宅を比べると、興味深いことに気がつく。それは、部屋が和室か洋室かに着目すると、ちょうどハレとケが逆転していることだ。

戦前の中廊下型住宅をみると、住宅全体が和室でありながら、玄関脇の応接間のみ、洋室でイス座だ。ここは特別のときに使うハレの部屋だ。これに対して、現代住宅では、住宅全体が洋室化する中で、和室の座敷が玄関脇にとられることが多い。つまり、ちょうど和洋が逆転している。

この現象は、住宅にとどまらない。たとえば、服装をみると、明治時代までは、和服が普段着（ケの着物）であった。そして、特別のときに洋服を着た。つまり、洋服が「ハレ」着であった。しかし、今日では、それが逆転し、洋服は普段着となり、逆に和服が「ハレ」着となった。

このように、ケの様式は時代とともに洋風化が進む一方で、座敷や和服、さらに葬式、結婚式、家の地鎮祭など、伝統文化の多くは、ハレの様式として残っている。

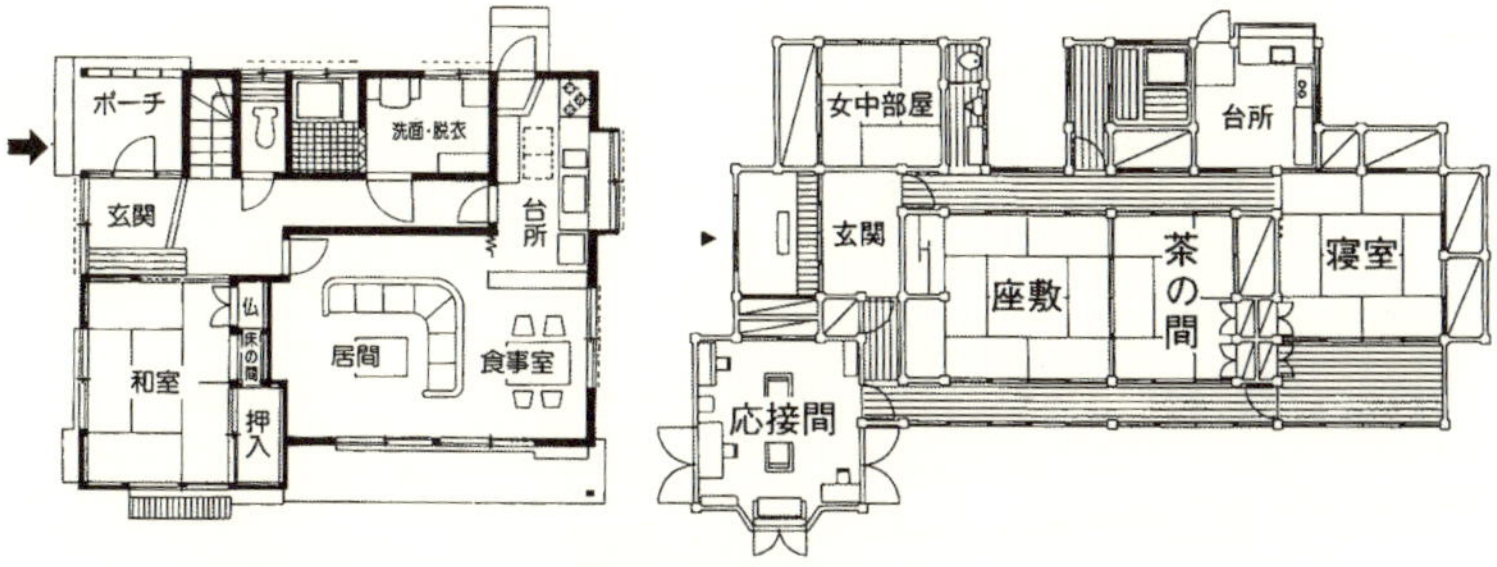

図7-31　ハレとケの場所の和洋（中廊下型とＬＤＫ型）

もという軸を設定した点が面白い。

また、住宅メーカーにおいても、ファミリーとフォーマルの二つのリビングをもつ間取りが提案された。たとえば、第4章で紹介したFFリングがその典型だ。[18] 実は、この間取りは、筆者が住宅メーカーの客員研究員を勤めていたときに提案したもので、初見氏の二公室型住宅を大いに参考にさせていただいた。

当時、「金曜日の妻たちへ」（TBS、1983）というテレビドラマが大ヒットした。このドラマは、毎

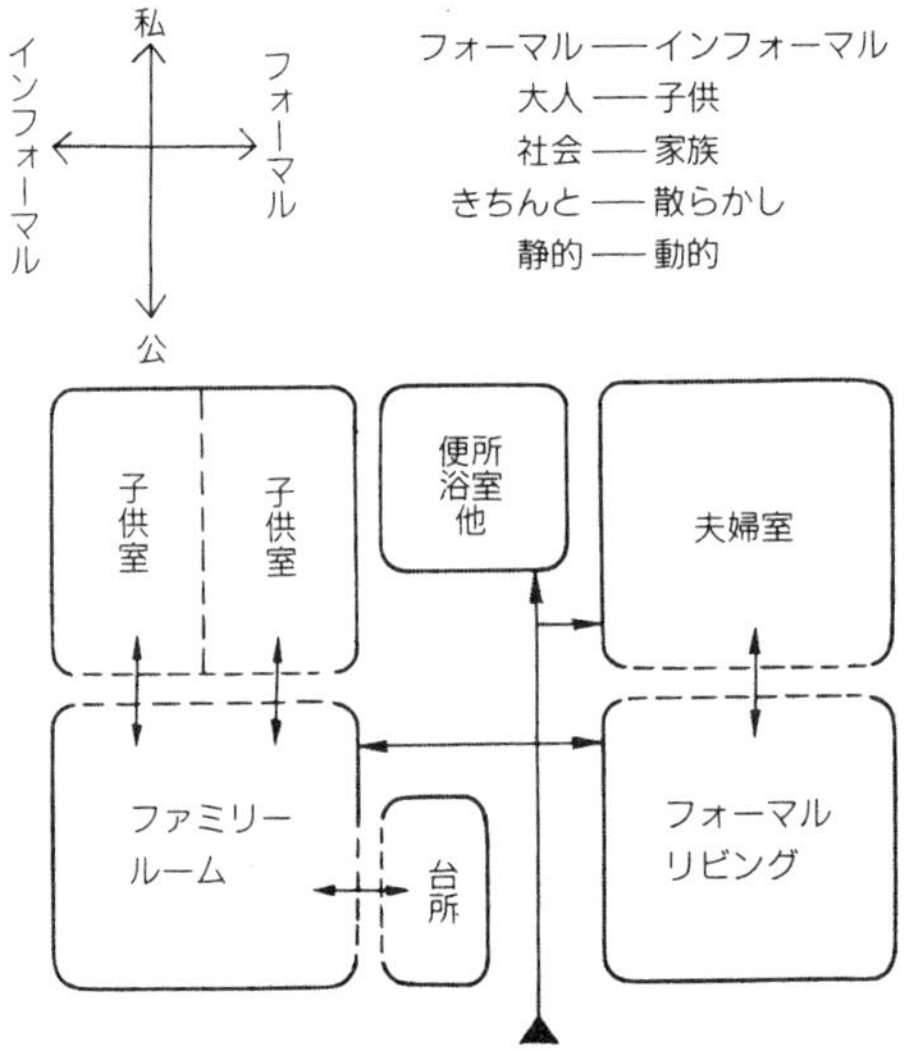

図7-32　二公室型住宅の提案（初見学・鈴木成文，1981より）[17]

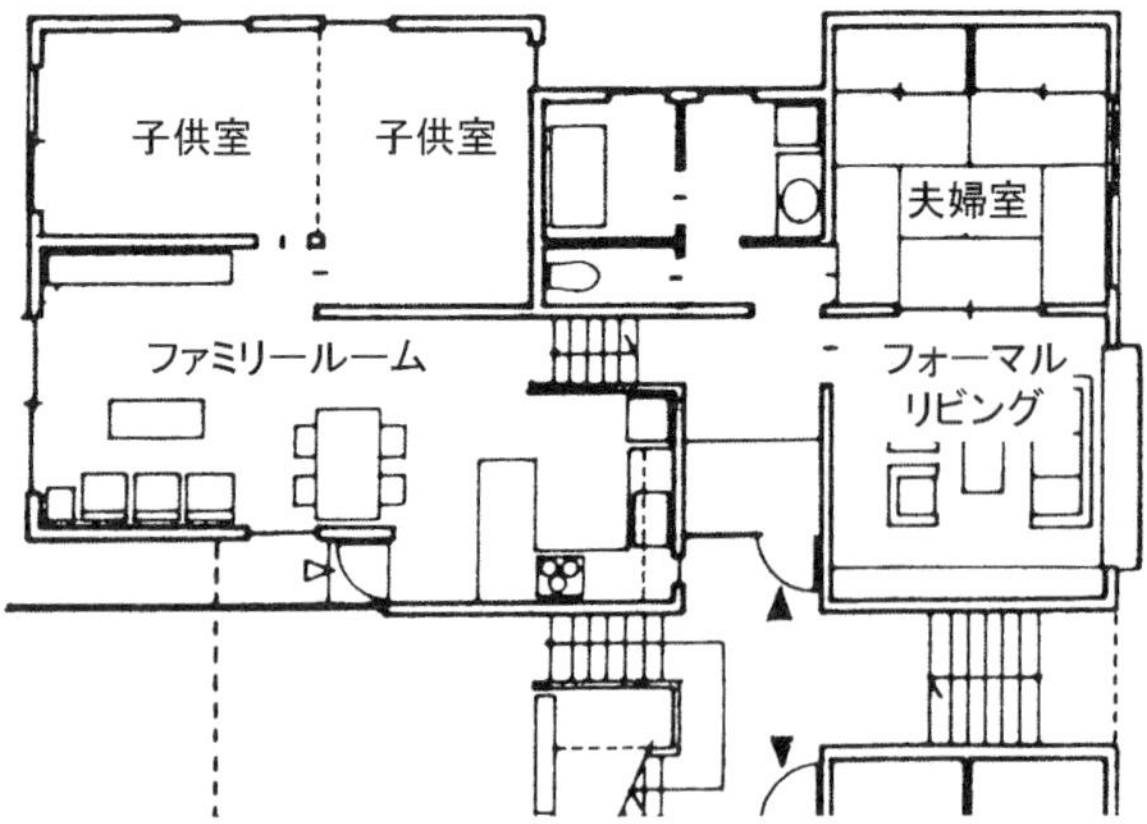

図7-33　二公室型住宅モデル設計（同上）

週、金曜日に友人たちがパーティに集まる様子を描いたもので、優雅な暮らしと、夫婦どうしの交流の様子が人気を呼んだ。パーティができる住まいは、主婦のあこがれの一つであった。

しかし、二公室型住宅の提案は、今日に至るまで普及していない。大都市では、住宅面積が狭くて二公室を確保する余裕がないことが理由だ。一方の地方では、続き間座敷として集まりの場を確保していたため、その必要がなかったとみることができよう。

ＤＫの衰退と対面型キッチンの普及

戦後の住まいを象徴するダイニングキッチンは、１９８０年代に入ると衰退し始める。まず、マンションにおいて、間口の狭さと換気扇の発達によりセンターコアと呼ばれる間取りが発達した。これは、風呂や台所を真ん中に配置するもので、もちろん、そこに窓はなく換気扇を用いる。その代わりに、各部屋にはすべて窓を設ける形式だ（図7-34）。そこでは、食事室はリビングルームと一体化した方が明るく広々として気持ちがよい。このようにして、台所だけを分離した「ＬＤ＋Ｋ」の形式が普及した。東京圏の新築マンションを調べると、１９７８年に2割未満であった台所分離が、１９８４年には約7割を占めている[19]。急速にＤＫ離れが進んだことが分かる。住まい全体が洋風化するとともに、近代化の象徴としてのＤＫにこだわる必要が

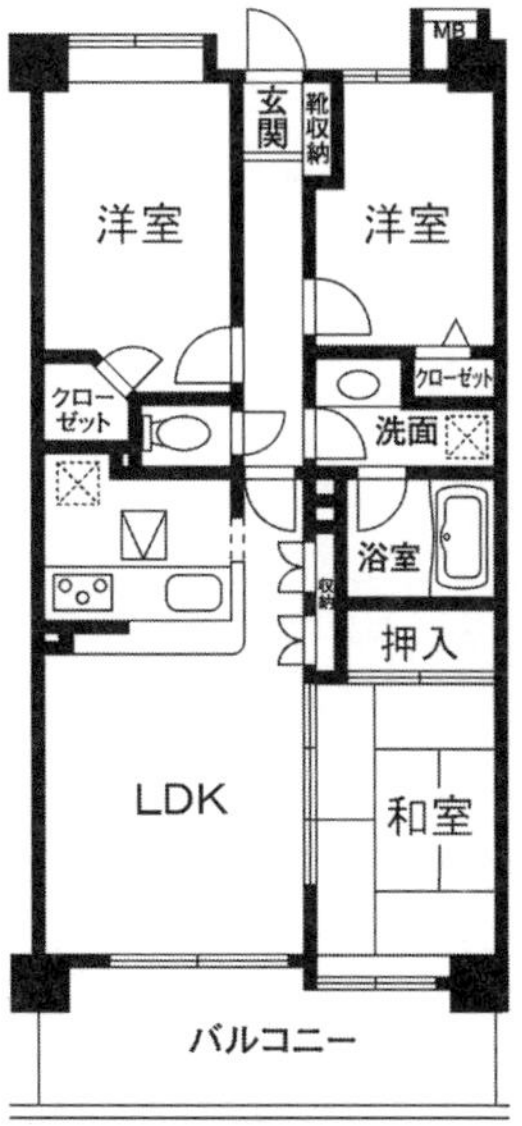

図７-34　典型的なマンションの間取り

薄れたことが背景にあろう。

一方の一戸建住宅では、しばらくはＤＫ全盛時代が続いた。１９８５年の筆者らの全国調査では、台所分離（図7-29）は約2割にとどまっていた。[19] しかし、１９９０年代になると台所分離が趨勢になる。とりわけ、ＤＫの衰退に大きな影響を与えたのが、対面型キッチンの登場だ。実は、私が勤務した住宅メーカーでも、１９８０年代初めに対面型キッチンを提案したが、これがユーザーの支持を集めた。対面型は、台所を少し分離しつつも、家族と対話しながら炊事ができ、また配膳も容易だ。つまり、ダイニングキッチンの良さと、広々したＬＤを確保したいという要求の両方をうまく満たす形式であった。

今日では、マンションと一戸建住宅の別なく、台所を対面型としたＬＤＫが大勢を占めている。もちろん、一部では台所を隠したいという要求があるが、それは、各世帯の自由な選択だ。いずれにしても、住まいの近代化をリードしたダイニングキッチンの歴史的な役割が終わったことは確かである。

個室のあり方への提案

一方、個室のあり方についても多くの提案があった。まず、入居者の個性や家族の成長変化に対応できるように、家具間仕切りで部屋を自由に仕切ることができる間取りが集合住宅において提唱された。これは順応型住宅と呼ばれ、[20] その後、一戸建住宅でも子ども部屋に順応性をもたせる方法として普及していった。

つまり、子どもが小さいときには広い部屋として使い、個室が必要になると家具間仕切りで二つに仕切る。そして、子どもが巣立つと、再び広い部屋に戻すという提案だ。また、分譲や賃貸では、部屋数を変えられるため、一人でも二人でも対応できるという良さがある。

次いで、１９９０年代には、建築家によるnＬＤＫ住宅の見直しが盛んであった。たとえば、家族の一人

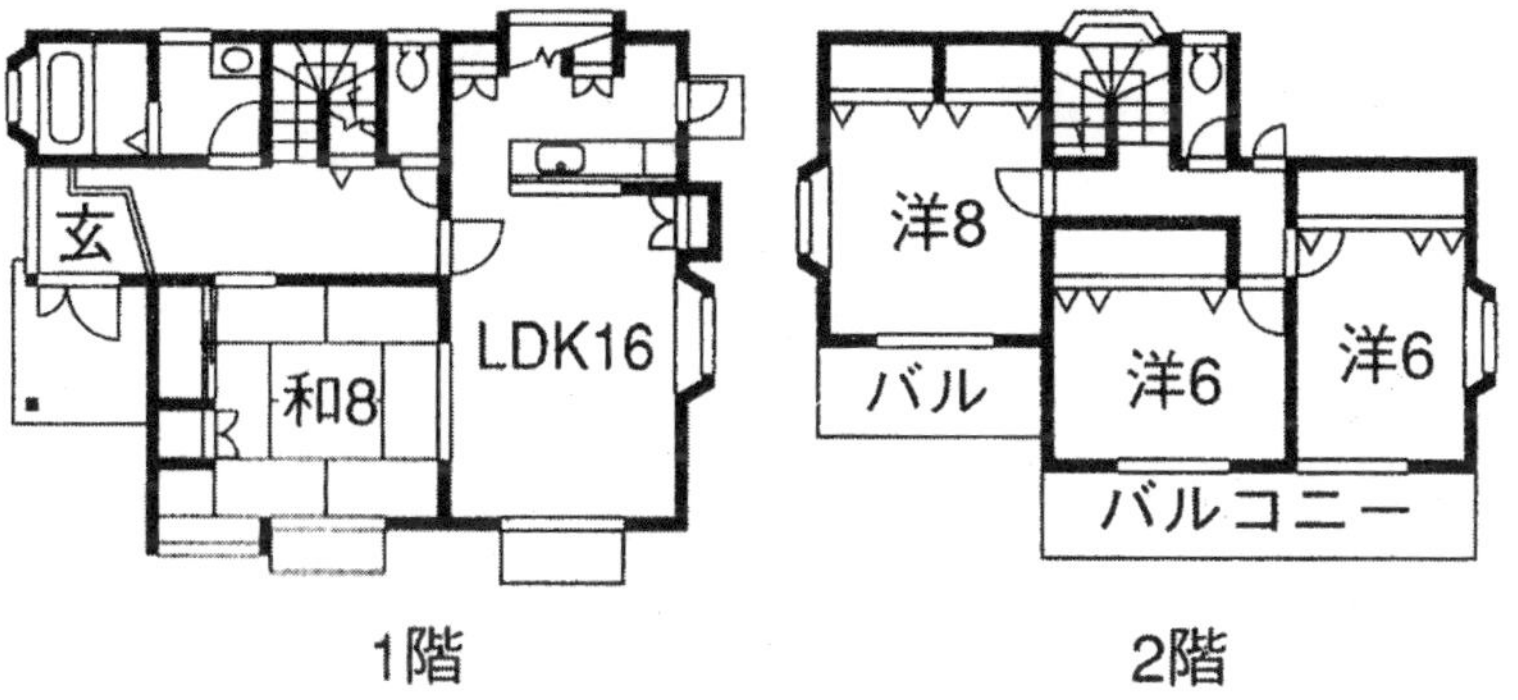

図7－35　典型的な都市住宅の間取り

ひとりが外部社会とつながっているという認識のもとに、個室群で構成する提案がなされたり、あるいは、その逆に、家族が互いに気配が分かる開放的な住まいの提案がなされたりした。これらについては、第4章の*n*ＬＤＫの見直しで、詳しく述べた通りである。

中廊下をもつ*n*LDKの定着

さて、一部に見直しの動きはあるものの、今日に至るまで*n*ＬＤＫ住宅の定着は進んでいる。また、地方都市でも続き間座敷が根強いとはいえ減少傾向にある。とくに、住宅探しにおいてインターネットによる検索が重要になっており、検索記号として*n*ＬＤＫを用いることは、すでに定着したといってよい。

図7－35は、現代の都市住宅の典型的な間取りだ。一階には、ＬＤＫと和室が一つ。二階には個室が三つ、つまり4ＬＤＫだ。これは、家族の場と個人の場を区分した間取りといえるが、それに加えて、次の二つの特徴がある。

一つは、多目的に使える和室が一階に加わっていることだ。この部屋は、接客、ゴロ寝、趣味の部屋、老人室、あるいは母親と幼児の添い寝の部屋として使われる。しかも、リビングルームと襖でつながり、襖を開ければ広々と使える。このように、ＬＤＫに一つ和

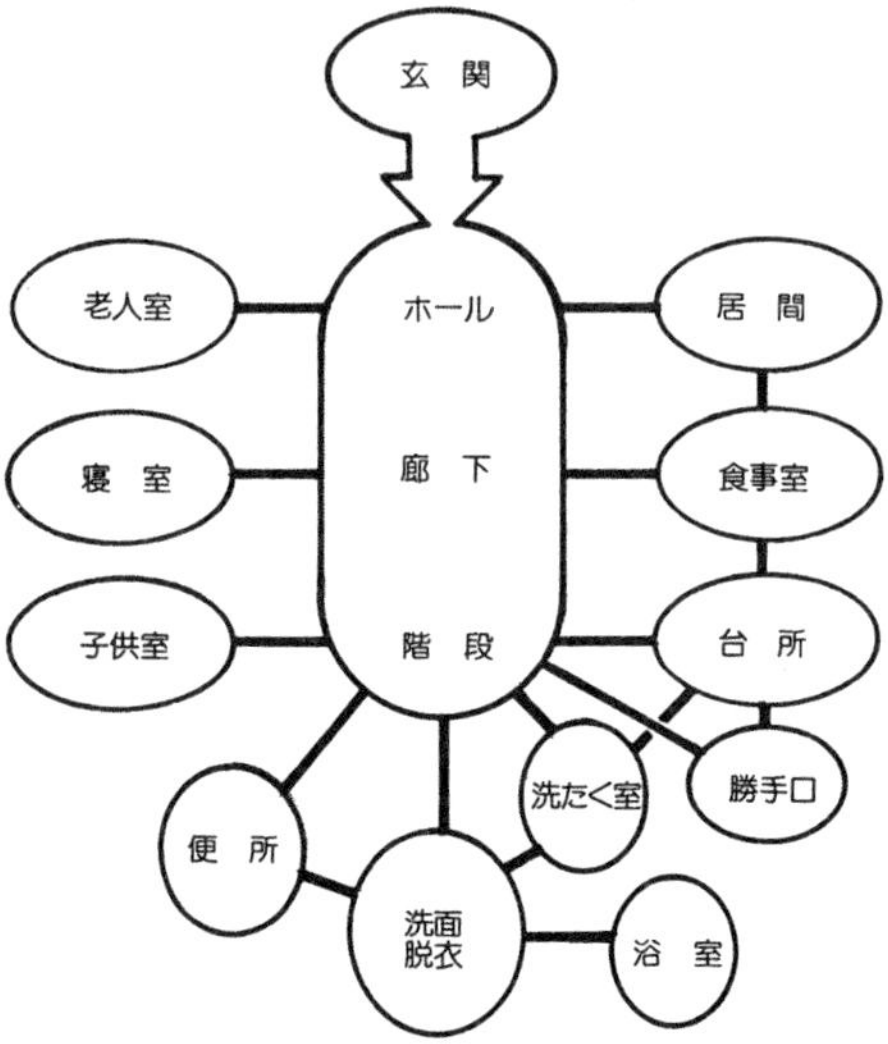

図7-36　廊下で連結した住宅の模式図
（住宅金融普及協会，1980）[21]

室を加えることで、柔軟な住み方に対応している。

もう一つの特徴は、すべて中廊下で結ばれていることだ。これは、マンションでも同様であり（図7-34）、玄関から廊下がとられ、そこに各部屋が連結されている。このような間取りは、世界的にみると少数派だ。欧米のみならずアジア各国でも、居間やホールが家の中心にあって各部屋への動線を兼ねていることが多い。なぜ世界的には特殊な中廊下が、今日でも根強く維持されているのだろうか。

その理由として考えられることは、戦前の中廊下型住宅の影響だ。また、住まいの啓蒙書も、廊下で連結した住まいを描いた（図7-36）。このため、日本では、中廊下が好ましい間取りだと人々に刷り込まれたのであろう。筆者の知り合いは、新しい住宅を造るときに、「廊下のある住宅が夢だった」と語っていた。彼は、和室が襖で続く住まいで育ち、それが嫌で廊下のある間取りにあこがれたのだという。このような意識が、中廊下が日本に定着した背景にあることは間違いがないだろう。

いずれにしても、現代の都市住宅の典型は、中廊下をもつnＬＤＫ住宅だ。これは、一戸建住宅とマンションに共通する特徴なのである。

単身世帯の増加と家族の一体感の重視

ところで、近年、まったく別の面から見直しが進もうとしている。それは、日本の近代化を支えた核家族サラリーマン世帯に代わり、単身世帯が急増していることだ。これまでみてきたように、nＬＤＫは核家族サラリーマンに相応しい住宅を求めたものであった。とすれば、結婚しない若者や高齢単身者の急増は、その根底をゆるがすことになる。

複数の単身者が一つの家に暮らすシェア居住（第6章）は、住まいの概念を大きく変えるだろう、さらに、高齢者の住まいは、ときには介護者の訪問が必要であり、外部に閉鎖的といわれた住宅のあり方を変えるはずだ。

その一方で、このような単身化とは逆の動きがあることにも注意したい。それは、家族の一体感を大切にしたいという要求だ。若い女性が、専業主婦の暮らしにあこがれるように[22]、人々の心の中には昔ながらの家族像への潜在的な共感があるとみられる。このような意識を背景として、結婚して家づくりの機会を得た世帯は、家族のまとまりを重視した「居間中心型」という新しい間取りを選択し、これが急速に普及しつつある（第4章）。

このように、単身化と家族の一体化という異なる要求が重なり合うのが、今日の日本の住まいの状況といえる。

住宅をめぐる社会状況

一方、住宅をめぐる社会状況にも変化がみられる。その一つは、住宅を新築する機会が減っていることだ。このため、新築の家づくりだけではなく、今後は、既存住宅を使いこなす工夫が重要になるだろう。前述したシェア居住は、その多くが既存住宅の有効利用であった。

二つ目は、インターネットによる不動産流通の変化だ。インターネットの発達は、nＬＤＫによる記号化を押し進めたが、さらなる通信の発達は、情報量の大きい図面や写真の掲載を容易にした。このため、今後は、nＬＤＫでは表現できない個性的な間取りも不動産流通にのるはずだ。

三つ目は、子育てや老後福祉が社会化されることの影響だ。これにより、住まいと福祉サービスの関係がますます重要になるだろう。

四つ目は、それと矛盾するようだが、人々の助け合い、共助の重視だ。国の財政が悪化する中で、将来の福祉サービスの低下は避けられない。それに備えるために、共助を重視した住まい方の発展が予想される。たとえば、母子家庭が集まってシェア居住する試み、高齢者が集まって安上がりに安心に暮らすグループリビング、高齢者が空き部屋を若者に安く貸すホームシェア等である。そのための一般住宅の活用はこれからの課題だ。

日本の住まいは、今後もnＬＤＫ住宅を中心に進むとしても、以上のような様々な社会状況を受けて徐々に変化をとげていくはずである。

おわりに――住まいをめぐる持続と変容

住まいとは、本来、保守的なものであり、床上文化に代表される持続する住文化の力が強く働いている。と同時に、様々な社会状況を受けて変容する力の影響を受ける。したがって、住まいにおいては、いたずらに流行を追うのではなく、また逆に固定した考えに陥るのでもなく、持続と変容、保守と革新のバランスをとることが求められる。

これまでみてきた近代史においても、革新的な提案が失敗したり、逆に、予想外の変化がみられたりした。筆者について言えば、二公室の提案の失敗は前者の一例であり、居間中心型の普及は予想外の変化であった。その経験を踏まえて、持続と変容のバランスの大切さを改めて伝えたいと思う次第だ。

最後になったが、筆者の願いを述べることをお許しいただきたい。それは、住まいの近代史において、住まいが外部に対して閉鎖化してきたことを見直し、再び地域社会に対して開いていくことだ。昔の縁側や玄関での腰掛けての談笑、通りの気配を室内から感じることができる間取り、引き戸の入口による半開放の暮らし方、等々。これらは、エアコンの発達やプライバシー重視の風潮の中で失われてきた日本の住まいの良さであった。もちろん、その背景には、サラリーマン化の進展による職住分離の暮らしがあったことは否めない。

しかし、今日、高齢化が進んだ。定年後の暮らしは長く、地域社会への回帰が求められるだろう。また、子育て環境として、地域に開かれた住まいを再評価することも大切だ。さらに、地域の防犯性を高めるためには、室内から通りを見守る眼があることも必要だ。これらは、すべて外部に閉鎖的な現代の住まいの見直しを求めている。[23]

日本の住まいがこのような方向に向けて再び変容を遂げることが、筆者の願いである。

注

[1] 鈴木成文編『住まいを読む――現代日本住居論』現代資料研究社、1999の第2章「地域性と階層性」(執筆・小林秀樹)参照のこと。

[2] 青木正夫・岡俊江・鈴木義弘『中廊下の住宅――明治大正昭和の暮らしを間取りに読む』住まい学大系102、住まいの図書館出版局、2009。28頁参照。

[3] 上野千鶴子『近代家族の成立と終焉』岩波書店、1994。69頁参照。この他にも、西川祐子『住まいと家族をめぐる物語』集英社新書、2004が参考になる。

[4] 大岡敏昭「日本の城下町都市における近世近代の都市住宅に関する研究」科研費補助金報告書、2004。また、同著『日本の風土文化とすまい』相模書房、2009では、武家住宅から現代住宅への変遷を詳しく分析している。注[2]の青木正夫らの業績とともに本章前半の基礎となる文献であり、参照されたい。

[5] 注1の文献の第3章「農村住宅」(執筆・菊地成朋)参照。

[6] ハレとケは柳田国男が提起した概念。桜井徳太郎・波平恵美子ほか『ハレ・ケ・ケガレ――共同討議』青土社、1984等参照。筆者の説明は、桜井によるハレ・ケ・ケガレの循環構造の説明に近い。不浄と清めを重視する波平説とはやや異なるようだ。

[7] 在塚礼子「中廊下型住宅」鈴木成文編著『現代日本住居論』の7章、放送大学教育振興会、1994。

[8] 建築学会編『新建築学大系7 住居論』彰国社、1987。83頁の図版より。

[9] 平井聖『日本の住まい』NHKブックス、1974。

[10] 住宅の近代化を検討した書籍として、以下を参照されたい。内田清蔵『日本の近代住宅』鹿島出版会、199

2。祐成保志『住宅の歴史社会学――日常生活をめぐる啓蒙・動員・産業化』新曜社、2008。
[11] 日本における集合住宅の普及を詳しく研究した書籍として、拙著「日本における集合住宅の普及過程」住宅総合センター、1997年8月がある。その76頁に女中の統計分析（鎌田美果との共同研究の成果）がある。
[12] 前田一『サラリマン物語』東洋經濟新報出版部、1928、他を参照。
[13] 鈴木成文『五一C白書――私の建築計画学戦後史』住まい学大系101、住まいの図書館出版局、2006。
[14] 当時の公団2DKの設計を担当した本城和彦氏へのインタビューより、『住宅』日本住宅協会、1991年12月号。
[15] 住宅総合研究財団編『現代住宅研究の変遷と展望』丸善、2009、34頁等に詳しい。
[16] 住田昌二編著『現代住宅の地方性』勁草書房、1983。また、続き間座敷については多くの研究がある。千葉大学・服部岑生研究室や九州大学・青木正夫研究室など。
[17] 初見学・鈴木成文「住居における公室の計画に関する研究」『住宅建築研究所報』8、1981。その内容は、以下の書籍に分かりやすく紹介されている。鈴木成文他『「いえ」と「まち」――住居集合の論理』鹿島出版会、1984。
[18] 住環境研究所編『さらばLDK』小林秀樹他、1986。
[19] 鈴木成文・小林秀樹他「集住の計画学」彰国社『建築文化』1988年3月号。70～71頁。
[20] 鈴木成文・杉山茂一他「順応型住宅の研究Ⅰ・Ⅱ」『住宅建築研究所報』1・2、1974・75。注[17]に掲載した『「いえ」と「まち」』に紹介されている。
[21] 住宅金融普及協会『住宅金融公庫監修・住宅図集』1980年に掲載されている住宅の様式図。
[22] 山田昌弘『なぜ若者は保守化するのか――反転する現実と願望』東洋経済新報社、2009。
[23] 住まいの閉鎖化を見直す拙著として以下がある。小林秀樹『集住のなわばり学』彰国社、1992。同「住宅

地の犯罪防止——住まいを戸外に開くことで守る」『都市住宅学』48号、都市住宅学会、2005。同「柔らかい障壁と街庭の創造が鍵を握る——すまいの境界のあり方」住宅総合研究財団『すまいろん』80号、2006。

あとがき

私自身の住まいは、結婚後のほとんどの年月が、茨城県つくば市にある官舎であった。二人の子どもたちもそこで育った。襖が多い間取りで、子どもたちの部屋はずっと共用であった。はじめて別々の個室にしたのは、長男の大学受験時であり、その時の次男は中学二年生であった。世間標準からすれば、ずいぶんと遅かったわけだ。

もっとも、子ども部屋は共用がよいという主張があってのことではない。狭い住宅の中で居間を広く確保したかったことが理由だ。そこで意図したことは、家族の居場所づくりだ。狭い家には不釣り合いな大きなテーブルを居間の中心においた。もちろんソファーはなくしたが、当時は、まだ珍しい住まい方であった。その大きなテーブルを探すのに、家具問屋まで出向いたことを覚えている。

幸いにも、大きなテーブルは家族の中心になった。子どもたちは、中学生になるまで、そこでマンガを読んだり勉強したりした。私の晩酌も同じ場所だ。子どもたちが工作台代わりに使うので、テーブルは傷だらけになった。それを塗り直したのも懐かしい。そのテーブルは、最近引っ越したマンションでも使っている。二十五年の家族の歴史がしみこんだ宝物だ。

ところで、本書のもとになった家族のナワバリの研究をはじめたのは、私が大学院生の頃だから、もうずいぶん昔になる。しかし、その後、建設省建築研究所に就職して政策研究を重視するようになったため、研究は一時中断した。政策研究としては、「つくば方式マンション」や「スケルトン・インフィル方式」など広く世間に知られた成果をあげてきたが、やはり、私の博士論文（集住のなわばり学）から続くナワバリ学への思いは続いていていた。

そして、再び、家族のナワバリを研究するようになったのは、2002年に千葉大学に転職してからだ。大学では、郊外住宅地の再生やユーザー参加の住まいを中心テーマとしたが、2003年に丁志映さんが研究員（現在は助教）として研究室の門をたたいたのが幸運だった。丁さんは、住居学を専門とし、千葉大学ではシェア居住の研究を手がけた。さらに、2011年には、夫婦寝室や居間中心型の研究をしてきた切原舞子さんが研究員となった。これと並行して、学生の中にも住まいや家族に関心をもつ者があらわれた。

本書のベースとなる理論は1990年代から温めていたものだが、理論も実態の肉付けがなければ空論にすぎない。丁さんを筆頭に、研究室のメンバーの調査成果が集まったのが本書である。脚注にできる限り学生の名前を記したのは、その成果への感謝の気持ちを表したかったからだ。

そして、もう一つ本書に大きな影響を与えたものがある。それは、住宅総合研究財団の機関誌『すまいろん』の編集委員を長年務めさせていただいたことだ。その特集企画を通じて多くの諸先輩と出会い、住文化について様々なヒントを頂いた。本書に『すまいろん』の引用が多いのはそのためである。同財団とのつながりは、私の恩師の鈴木成文教授の紹介によるものであった。

住文化論は、ひとり研究室に籠もるのではなく、様々な方々との出会いや交流によって磨かれていくものである。そのことを思い起こしつつ、改めて多くの先学に感謝したいと思う。

２０１３年５月

著者紹介

小林秀樹（こばやし　ひでき）

千葉大学大学院工学研究科・教授。専門は，住環境計画（住まい・まちづくり・住宅政策）。

1977年，東京大学工学部建築学科卒業。設計事務所勤務を経て，1985年，同大学院工学研究科博士課程卒業（工学博士）。1987年，建設省建築研究所。2001年，国土技術政策総合研究所・住宅計画研究室長。2002年，千葉大学工学部助教授。2003年，同教授。2007年，大学院所属に組織替え，現在に至る。

著書に『集住のなわばり学』（1992年，彰国社），『新集合住宅の時代』（1997年，ＮＨＫ出版），『スケルトン定借の理論と実践』（2000年，学芸出版社），『住民主体の居住環境整備』（2006年，放送大学），『居住環境整備論』（2012年，放送大学），など。

受賞歴に，日本建築学会賞（2007），住宅総合研究財団・清水康雄賞（2008）など。

新曜社

居場所としての住まい
ナワバリ学が解き明かす家族と住まいの深層

初版第１刷発行 2013年８月１日

著　者　小林秀樹
発行者　塩浦　暲
発行所　株式会社 新曜社
〒101-0051 東京都千代田区神田神保町3-9
電話(03)3264-4973(代)・Fax(03)3239-2958
E-mail: info@shin-yo-sha.co.jp
URL http://www.shin-yo-sha.co.jp/
印刷所　亜細亜印刷
製本所　イマヰ製本所

ISBN978-4-7885-1348-8　C1052